泰国佛教史

段立生 著

泰國佛統出土
公元七世紀
眾生佛像

佛是天上的
人人是地
上的佛

上海社会科学院出版社

不爭就是慈悲，慈悲不難就是智慧，不爭就是清淨不爭就是自在不爭不辯不聞不爭就是佛

佛

泰國陸羅鋳造佛像

前　言

泰国是一个佛教国家。不了解佛教，就不能真正了解泰国。

虽然佛教发轫于印度，但后来印度的佛教式微了。公元前304年—前232年，印度阿育王派出僧团向周边国家传播佛教，这是佛教走出印度，迈向世界的开始。佛教分为北传和南传两支。北传经中国，传入朝鲜和日本；南传经斯里兰卡传入东南亚的泰、柬、缅、越等国。其中，泰国是南传上座部中极为重要的国家。

公元前3世纪在阿育王派出向海外传播佛教的9个僧团中，须那迦、郁多罗两位长老率团到达了金地国，即现今泰国的佛统府地区。泰国无疑是佛教最早传入东南亚的国家之一，距今已有2 300多年的历史。

佛教植根于泰国的2 300多年漫长历史中，从来没有出现过反佛毁佛的现象，佛教不断发展，长盛不衰。究其原因，当然跟泰国历代统治者对佛教的笃信和竭力提倡分不开，他们有意识地推进和逐步完善佛教的政治化进程。公元前3世纪，在印度本土的阿育王时代，阿育王并没有借助佛教将自己神化。他从未自称为菩萨，也没有将自己当作天子，他扶持佛法的目的仅仅限于追求死后往生天堂。这就是最初的佛教，原始佛教是无神论的。可是，当佛教传入东南亚以后，情况就发生了改变，东南亚大大小小的王国及其首领，鼓吹王权神授和至高无上，使佛教开始演化为神学。

13世纪以前泰国的前素可泰时期，在现今泰国领土上出现过许多大大小小的地方政权，比如金邻国（公元前3世纪—公元6世纪），堕罗钵底国（6—11世纪），三佛齐（7—14世纪），女王国（8—13世纪），华富里政权（11—12世纪），八百媳妇国（13世纪—1773年）等，其国王无一例外地宣扬王权神授的理论，利用宗教抬高自身地位。几乎每一位国王都用两只手来进行政治统治，即用右手来管理世俗民众，用左手来管理僧伽。

1. 1238年开始建立的素可泰王朝,是由泰族建立的泰国历史上第一个大一统的中央王朝,是在摆脱了以高棉族为主的真腊王国的统治后建立起来的。国王考虑到他原先的政敌高棉族建立的吴哥政权信奉大乘佛教,便有意反其道而行之,从斯里兰卡引进小乘佛教。这使泰国佛教的部派矛盾和斗争,第一次打上政治的印记。兰甘亨(或称"兰摩甘亨")石碑和石制国王御座的发现,为我们提供了王权和神权合二为一的实物证据。平时,国王坐在御座上处理政务;在宣讲佛法的日子,由高僧坐在御座上宣讲佛法。从素可泰王朝利泰王时期(1347—1370年在位)开始,每一位国王都要出家一段时间,证明国王就是僧侣,集王权和神权于一身。

2. 15世纪阿瑜陀耶王朝的戴莱洛迦纳王(1448—1488年在位)全面推行"萨克迪纳制",标志封建领主制在泰国的建立,从此,泰国社会的阶级划分趋于完备。与世俗统治方式相适应,在僧伽管理中必然要出现僧官制。僧官制的确立和完善,是为了在僧侣中进行等级划分,从而根据身份等级获得不同的权益。

3. 从1868年开始,曼谷王朝拉玛五世朱拉隆功在泰国实施了一系列的行政制度的改革,旨在引进西方的行政管理方法,打破泰国传统的封建世袭世禄制度。1928年泰国颁布了第一部《文官条例》,通过考试公开选拔官员。与新的世俗官吏制度相适应,1902年泰国颁布了第一部《僧伽条例》,将僧伽管理纳入法治轨道。

1932年6月24日政变后,泰国政体改为君主立宪制。僧伽也像世俗政权一样实行行政、立法和司法三权分立。1941年版的《僧伽条例》应运而生,成为僧伽的宪法。这个条例的重要性在于,它尽可能多地将僧伽管理和世俗行政管理结合起来。

1962年正是沙立实行军人专制的独裁统治时期,他不搞所谓的议会民主和三权分立;在僧伽管理上,取消僧伽内阁和僧伽总监,把僧伽的行政、立法、司法的权力统统归给僧王和大长老会议掌握。

至此,泰国佛教顺利地完成了它的政治化进程。佛教和政府成为现代国家政治统治不可缺少的两大支柱。

4. 佛教在泰国的兴盛不衰,必然带来佛教文化艺术的长足发展。

泰国文化,说到底就是一种宗教文化。这跟中国的史官文化传统截然不同。泰国文化表现为以宗教为核心,宗教起着支配一切的作用:人们在很大程度上为宗教而活着,文学为宗教而创立,史学为记录宗教活动而产生,教育依赖宗教而生存,绘画和雕塑的主要任务是进行宗教宣传和图解,音乐、舞蹈是为了酬神祭祀而表演。泰国上层建筑各领域都渗透着宗教的影响。

佛教作为一种文化形态,已经深入泰国大多数人的思想意识之中。佛教的理论和教义已经深入人心,成为一种普遍的思维方式,化为他们的行动,并形成一种民族精神。许多传统的宗教节日和祭祀活动,已经变成泰国人的一种生活常态。佛教文化渗透到泰国文学、音乐、舞蹈、戏剧等各文艺领域。

佛教艺术在泰国一枝独秀。佛教艺术是佛教的载体,是佛教的一种表达方式,是为着宣传佛教而产生和发展的艺术样式,它的作用是使佛教直观化、生动化、美观化、具体化,从而更具有视觉和精神上的感染力与震撼力。

泰国的佛教艺术首先集中表现在佛像、佛寺、佛塔的制作上。泰国佛教艺术经历 2 300 多年的积累和完善,出现了许多旷世精品和艺术大师,是人类历史文化遗产的一个重要宝库。

佛教与当代泰国社会已经密切到这样的程度,离开佛教,泰国也就不成其为泰国。

基于上述原因,撰写一部《泰国佛教史》便成为笔者自己认定的一项任务。

自从 1962 年笔者 18 岁考入北京大学东语系泰国语专业,就注定这一辈子要和泰国结下不解之缘。遗憾的是 1967 年大学毕业时,遇上"文化大革命",笔者被分配到工厂当工人,一干 10 年,用非所学,浪费了许多宝贵的光阴。"文化大革命"结束后,笔者才有机会到中山大学东南亚研究所读研究生,毕业后留校工作,专职进行泰国历史文化研究,先后在泰国和美国学习、执教 10 余年,由青年后生变成白发老翁,研究成果也逐渐集腋成裘。2005 年商务印书馆出版了拙著《泰国文化艺术史》,2014 年上海社会科学院出版社又出版了拙著《泰国通史》,这是两本有关泰国历史文化的专著,在社会上产生了一些影响。在撰写《泰国通史》的时候,我便深深感到,不了解佛教,就不算真正了解泰国,因而萌生了撰写《泰国佛教史》的念头,经过几年奋斗,现在这本书交付出版了,长长地舒了一口气。这或许就是中国知识分子常有的使命感和责任感吧。至于本书的成败优劣,则留待读者去品评。

回想我对佛教的兴趣,很大程度缘于我的老师季羡林先生。季先生无疑是当代学者中最精通佛学的一位大师。他说:"1935 年,我到德国哥廷根,开始学习梵文、巴利文和吐火罗文,算是我研究佛教的滥觞。从那以后,在长达半个世纪的漫长的年代里,不管我的研究对象'杂'到什么程度,我对佛教研究始终锲而不舍,我在这方面的兴趣也始终没有降低。"①说实在的,1962年我从云南报考北京大学东语系,正是冲着季先生而去的。1960年季先生和金克木先生开办了一届梵巴语班,在全国破天荒地招收了十来名学员,为佛学和印度文化研究培养后继人才。为了能够考上北大,我连续几月夜以继日地备考,最后以当年云南的文科状元身份如愿以偿进入北大东语系。遗憾的是那年梵巴语班不招生,我便被分配去学泰语。

1966年我们泰语班的同学和季先生一起去北京昌平县南口村参加"四清"运动。季先生担任工作队的副队长,跟农民同吃同住了半年多。记得有一次我见居庸关的墙上刻了一句六字真言"嗡嘛呢呗咪吽",便向季先生请教。他说:"在梵语里是'宝石放在莲花里'的意思。"我听了觉得十分新鲜有趣。以后便抓紧一切机会跟季先生闲聊,从谈话中学到不少东西。但一谈到佛教,他便"子不语""三缄其口"。当时我还不甚理解,后来才悟到,因为那时的政治环境,是不可以信口谈佛的。

"四清"以后是"文化大革命",季先生受到很大的冲击,详情请阅他的著作《牛棚杂忆》。该书1998年出版时,季先生送了我一册,题曰:"立生兄存阅"。我收到后瞠目结舌,我等何人,有何资格与先生称兄道弟?

噩梦醒来是早晨。我和季先生经历了"文化大革命"的劫难后在昆明再度见面。那时,季先生已恢复工作,任北京大学副校长,来昆明开会。我鼓足勇气到宾馆去看他,又怕他门生故旧太多,不一定记得一个我。及至敲门进屋,他直呼我的名字,使我的担心变得多余。我请季先生到寒舍吃饭。那时条件艰苦,我住10多平方米的房间,摆下一张桌子就放不下椅子。我们只好坐在床沿就餐。我的月薪56元,花了25元请客,集中了全家的肉票、油票,请一位熟识的厨师掌勺,尽己所能招待季先生。季先生似乎也很感动。后来先生的高足张保胜老师来信说,季先生有意将我介绍给北大西语系冯至先生当研究生,可是不巧那年冯至先生没招研究生。

在季先生的帮助下,我考取中山大学何肇发先生的研究生,重新拾起搁置多年的泰语,开始了对泰国历史文化的研究。

1982年我到北京清史档案馆收集撰写硕士论文的资料,顺便到北大看望季先生。季先生请我去西门外的西餐馆吃西餐。我向先生汇报我的论文题目是《泰国吞武里皇郑信》,先生说这是一位华裔传奇人物,显然对他并不

---

① 季羡林:《佛教十五题》,中华书局2007年版,第1页。

陌生。后来我又有意将话题引到佛教上，表示自己想把精力转到佛学研究方面，结果先生又一次"子不语"。我猜不透先生的意思，只把它视作"禅机"，努力不停地去"参禅"。

时光荏苒，季先生离开我们已近10年。在这段时间里，我陆续拜读先生关于佛教的大作：《佛教十五题》《季羡林谈佛》《花雨满天》《我的路》等，居然对佛学有了一些领悟。我感到了佛学的博大精深，不是三言两语说得清楚的。你若问我：究竟领悟了什么东西？我亦采取"子不语"。正如佛祖拈花，迦叶一笑。禅，本来就是只可意会，不可言传的。我将新出版的《泰国佛教史》呈献给季先生和广大读者，算作是对"子不语"的答卷。

近年来量子力学的研究成果，颠覆了我们对佛学的传统认识。有着共同来源的两个微观粒子之间存在着某种纠缠关系，不管距离多远，一个粒子搅动，另一个粒子立即就知道。这个理论不但被实验所证实，而且成功用于量子通信技术中。量子纠缠超越了我们日常生活的四维空间，不受四维时空的约束，说明宇宙在冥冥之中存在深层次的联系。量子纠缠可能就是微观粒子具有意识的证据。对于量子力学，目前还有许多问题弄不清楚。无论是信佛或是不信佛的人，都千方百计地从量子科学中去寻找有利于自己的证据。我们尚不能断言谁是谁非、谁对谁错，但我们主张学术研究无禁区。就笔者而言，对佛教研究同季羡林先生持同一态度："研究佛教不是想当和尚。"佛教和其他宗教一样，都有其自身的历史发展过程，都有其发生发展的原因及其规律，都有其积极因素和消极因素，都有其存在价值和研究价值。

这本《泰国佛教史》，可视为我研究佛教的启蒙之作。

2020年6月于昆明

前言 / 1

第一章　佛教在印度的兴起及对外传播 / 1
第一节　佛教产生前的印度社会及宗教信仰 / 2
第二节　佛陀的诞生和佛教的创立 / 5
第三节　佛教、沙门、婆罗门教 / 11
第四节　阿育王与佛教的对外传播 / 14

第二章　佛教在泰国的传播 / 15
第一节　金邻国时期(公元前3世纪—公元6世纪) / 15
第二节　堕罗钵底国时期(6—11世纪) / 17
第三节　三佛齐时期(7—14世纪) / 19
第四节　女王国时期(8—13世纪) / 20
第五节　华富里时期(11—12世纪) / 23
第六节　八百媳妇国时期(13世纪—1773年) / 24
第七节　素可泰王朝时期(1238—1419年) / 26
第八节　阿瑜陀耶王朝时期(1350—1767年) / 29
第九节　吞武里王朝时期(1767—1782年) / 31
第十节　曼谷王朝时期(1782年至今) / 33

第三章　泰国佛教的政治化进程 / 59
第一节　13世纪以前的王权神授理论 / 59
第二节　素可泰王朝加速了泰国佛教的政治化进程 / 61
第三节　15世纪戴莱洛迦纳王的封田制与僧官 / 62
第四节　19世纪朱拉隆功改革和佛教的现代化 / 64

第四章　泰国的佛教艺术 / 66
第一节　佛教艺术包含的范畴及作用 / 66
第二节　佛像、佛寺和佛塔孰先孰后 / 67
第三节　历代佛寺 / 68
第四节　历代佛塔 / 85
第五节　历代佛像 / 94

第五章　中国禅宗在泰国的传播和影响／107
第一节　中国禅宗在泰国的传播／108
第二节　泰国对中国禅宗典籍的翻译和介绍／113
第三节　禅宗带来的影响／114

第六章　当代泰国佛教的现状和面临的挑战／116
第一节　当代泰国佛教的现状／116
第二节　佛教界存在的问题／121
第三节　新形势下面临的挑战和前景展望／124

附录1　曼谷王朝一三一年（1903年）僧伽条例／125

附录2　佛历2484年（1941年）僧伽条例／129

附录3　佛历2505年（1962年）僧伽条例／133

附录4　佛历2540年（1997年）朱拉隆功大学皇家学院条例／137

参考书目／144

第一章
佛教在印度的兴起及对外传播

佛教是世界三大宗教之一。为公元前6—前5世纪古印度北部的迦毗罗卫国(今尼泊尔境内)释迦牟尼王子所创立。释迦牟尼原意是释迦族的尊者,简称"释尊"。他的真名叫乔达摩·悉达多。关于他的出生年代争议颇多,大致说来他应生活在公元前560—前480年,16岁结婚,29岁出家,35岁悟道成佛,80岁涅槃。

佛教是对世界和人类影响最大的三大宗教之一,它从一开始就具备了作为一种正规宗教的三大要素:教主、教义和信徒。释迦牟尼作为佛教的教主被称为佛。佛并不是超人至上的神,而是指觉悟者。佛教认为众生皆有佛性,只要以佛的心为心,以佛的行为为标准,精进而行,便能成佛。释迦牟尼35岁时在菩提树下悟道成佛,他所"悟"到的"道",就是佛教的基本教义,即十二因缘说,诸行无常、诸行皆苦、诸法无我三相,苦、集、灭、道四谛,色、受、想、行、识五蕴,正见、正思维、正语、正业、正命、正精进、正念、正定八正道和轮回业报说。释迦牟尼成佛后,便在鹿野苑初转法轮,憍陈如等五人皈依佛法,成为佛最初的五位弟子。至此,佛、法、僧三宝确立,标志着佛教的诞生。

此后40余年,释迦牟尼走遍全印度,弘扬佛法,普度众生,使得许多人皈依佛教,信徒日益增多。属于教团内部的信徒称为"内部五众"(出家五众),包括僧、尼、沙弥、沙弥尼、式叉摩那。他们是出家人,要剃发,着僧衣,托钵,遵守戒律。在家的信徒称为"在家二众",男的叫优婆塞,女的叫优婆夷。这些在家信徒网罗了社会各阶层,上自帝王公卿,下至黎民百姓,包括贩夫走卒、奴隶妓女,甚至还有世袭的婆罗门。

佛在世的时候,僧团便已经形成,佛教有了很大的发展。佛涅槃后,弟子们先后举行了三次大结集。第一次大结集有500名弟子参加,将佛教理论由口头传诵变为文字,出现了《律藏》和《经藏》。第二次大结集在佛灭度后约一个世纪,有 700 名长老参加,重申第一次大结集的戒条,以谴责不守教规的僧侣。第三次大结集在阿育王时期(约公元前 273—前 232 年在位),阿育王邀请著名高僧帝须长老召集 1 000 名比丘,在华氏城举行大结集,并向边陲地区和周边国家派遣了包括王子和公主在内的佛教使团以传播佛教。这是佛教走出印度,迈向世界的开始。

可以说,佛教的兴起及对外传播,是一种历史的必然。要想对佛教史作较为全面的叙述和了解,首先必须对佛教产生前的印度社会及宗教信仰情况作一些了解。

第一节　佛教产生前的印度社会及宗教信仰

印度是一个文明古国。根据考古资料,早在公元前 3000 年就出现了早期印度文明,佛陀的诞生距离早期印度文明的出现大约晚了 2 500 年。在这 2 500 年间印度社会及宗教信仰情况是怎么样的呢?

根据考古资料可判断,印度的原住民族是达罗毗荼人,属于泰米尔人的近亲,或者干脆就是泰米尔人或南印度其他民族的先民。公元前 1600 年左右,雅利安人从中亚进入印度,征服了原住民族。"印度原有的土著居民有的被迫南迁,或者向北方和东方撤退,有的还留在原住的地方,形成了一个特殊的社会阶层,忍受着外来侵略者的奴役和压迫。当时印度正处在奴隶社会,这些人就是奴隶或者接近奴隶的人。"[①]印度的原住民族就这样成为印度种姓制度的最末一等首陀罗。

然而,从社会经济发展水平看,雅利安人显然低于达罗毗荼人。当达罗毗荼人已经进入农耕文明的时候,雅利安人还是野蛮的游牧民族。雅利安人接受了被征服人民的生活

达罗毗荼人

---

① 季羡林:《花雨满天》,现代出版社 2016 年版,第 231—232 页。

方式,在农村和城市里定居下来,在牧场里饲养牲畜,学会治理河流,从事灌溉和农耕。在宗教信仰方面,他们带来了婆罗门教和吠陀经典。

这些雅利安人讲一种初期形式的梵语,按照今天还能读得懂的现存印度最古老的经典吠陀(veda)而称之为吠陀语(vedic)。雅利安人最早的吠陀原文也许是在征服印度之后的两三个世纪编集而成的。①

达罗毗荼人用公牛拉车的模型

四部吠陀是婆罗门教的经典。婆罗门教是印度最古老的宗教,它的出现早于佛教 900—1 000 年。它没有创教人。它崇拜的最高神祇是大梵天神婆罗摩(Brahma),它的经典教义据说是从大梵天神获得的。

公元前 2000—前 1200 年被称为吠陀时代,因为这段时期雅利安人所创造的全部古代文化,都被纳入四部吠陀之中。这四部吠陀是:

《梨俱吠陀》(Rig Veda)意即"赞颂明论",赞颂神祇的诗,共 1 017 颂。这是最古老的一部吠陀经。

《耶柔吠陀》(Yaiur Veda)意即"祭祀明论",是婆罗门教的祭祀手册,按颂经的曲调编成,大部分取自《梨俱吠陀》,但不是诗,是散文体。

《沙摩吠陀》(Sama Veda)意即"歌咏明论",全是散文体,共 1 549 篇,除 78 篇新作外,其余各篇皆来自《梨俱吠陀》。用于对大梵天神的祭典或洒水仪式,也用于献给火神等神祇。

《阿闼婆吠陀》(Athara Veda)意即"禳灾明论",是禳灾仪式上诵读的经咒。出现的时间较晚,大约是婆罗门时代的末期。其中六分之一是散文。有的段落来自《梨俱吠陀》。

吠陀时代的印度人学习吠陀经,主要靠口头传诵,因为当时还没有文字。吠陀经内容广泛,是当时古印度人所掌握的全部知识的概括和总结。

印度古典正统派哲学有六大派别:

尼雅耶派,意为"正理",是因明学所阐述的伦理学之祖。

吠世史迦派,意为"特殊",古译"胜"。详论宇宙之构造,万有之差别。

僧怯派,其意为"数",穷定数理,精细入微。数论哲学之祖。

---

① [英]渥德尔著,王世安译:《印度佛教史》,商务印书馆 2000 年版,第 24 页。

瑜伽派,意为"约法",古译"相应"。详述修身养性的方法,克制淫欲邪念。

弥漫差派,意为"训诂",详考吠陀经典和各种事物,加以解释。

吠檀多派,意为"吠陀之完成",阐发真义与哲理。

除上述六种正统派哲学外,还有反正统派哲学,叫作"顺世派",属唯物主义范畴,主张享乐主义,放纵恣肆。

古代印度的科学称为"五明":

声明:明语言、文字等。

工巧明:明一切工、艺、技、术、算、历等。

医药明:明医学、制药等。

因明:明考订正邪,诠考真伪之理法等。

内明:明自家之宗旨。

上面介绍的包括吠陀经、古典哲学和五明科学在内光辉灿烂的古代印度文化,不管它是否如古印度人所说是神示的,还是事实上是由古印度人民在长期生产和生活实践中所创造的、积累的,都不能排斥这样一个事实:如果没有宗教的产生和宗教的需要,就没有吠陀经,就没有印度古典哲学,就没有五明科学。也就是说,就没有光辉灿烂的古代印度文化。从这个意义上说,印度文化源于宗教,印度文化的本质是宗教文化。这跟中国的史官文化传统是截然不同的。

继婆罗门教以后,印度人伐弹摩那大雄创立了耆那教。耆那教是以婆罗门教的反对者的面目出现的。伐弹摩那大雄简称"大雄",出身刹帝利,却主张众生平等。他是公元前6世纪的人,30岁前过着平常的家居生活,后来出家,成为一名苦行僧,42岁悟道,创耆那教。"耆那"的意思是"战胜情欲之人"。其基本教义是相信业报轮回,追求灵魂解脱,主张非暴力解决问题,奉行苦行主义。耆那教反对婆罗门教吠陀经典的无上权威,提倡五戒(戒杀生、戒欺诳、戒偷窃、戒奸淫、戒私产),提出三条解脱的途径,称为"三宝"。1世纪以后,由于对教祖遗训的解释不同,耆那教又分为"白衣派"和"天

耆那教教徒

衣派"两大派别。白衣派身着白衣,在执行戒律方面比较灵活。比如说,虽主张不蓄私产,但允许保留14种个人生活必需品,承认教徒也和常人一样需要吃饭穿衣。天衣派则赤身裸体,一丝不挂,彻底抛弃一切东西,连衣服都不要。他们恪守五戒,"自找苦吃",通过苦行来获得解脱。

除婆罗门教和耆那教教徒外,还有一种称为沙门的人,他们也是以自我修行为生存目标的出家人。

沙门是什么样的人呢?《梨俱吠陀》中,描绘了一种叫"牟尼"的人,他们蓄长发,着脏衣,外衣是褐色的,飞行空中,渴饮毒汁。显然,对吠陀时代的雅利安人来说,这样的人是十分陌生的,他们同婆罗门是完全不一样的。唯一合理的解释就是,这是本土居民的宗教代表,也就是行苦行的沙门。[①]

沙门的哲学思想和宗教信仰跟婆罗门不同,他们不信吠陀经里宣扬的神,其宗教信仰的核心是生命轮回和业报说,相信生命是轮回循环的,今生行为的好坏,决定来生的好坏。但是他们又厌恶生,不愿转世,希望跳出轮回。他们认为,苦行是跳出生命轮回达到永生的一种手段。沙门的思想和婆罗门的思想是对立的。

可以说,在佛教诞生之前,印度社会的宗教信仰就已经是五花八门、十分活跃了。佛教的出现,不仅是应时而生,也是在印度各种宗教信仰基础上的一次宗教革命和创新。

第二节 佛陀的诞生和佛教的创立

佛教与佛陀的诞生有着密不可分的关系,因为没有佛陀,就没有佛教。

然而,佛在世的时候,人们(包括他的弟子在内)似乎并不太在意佛的生平事迹,他们比较多地注意佛的教导,将佛的一言一语铭刻在心。所谓佛教经藏,就是佛无数次讲道的记录。那时候传道授业,皆不立文字,口口相传。弟子们将佛陀的教诲牢记在心,付之于行。弟子之中,阿难最为聪慧,在佛灭度后的第一次大结集会议上,阿难凭借记忆,将佛陀有生之年的教导背诵出来,整理为文字,成为《经藏》。优婆离背诵僧侣应该遵守的戒律,撰写成文,是为《律藏》。经与会长老的审订,《经藏》和《律藏》成为佛教

---

① 季羡林:《花雨满天》,现代出版社2016年版,第31—32页。

的经典。

伴随着佛教的日益普及和声望的提高，佛陀的生平事迹逐渐受到后人的重视，因为佛陀的生活经历已经成为他的学说背景的一部分，于是便出现了《佛本生经》的故事。对《佛本生经》的宣传，等同于对佛教教义的宣传。

《佛本生经》的出现，使得佛陀的诞生和佛教的创立蒙上许多神秘的色彩。

按照佛教的原始教义，所谓佛，就是觉悟者。众生皆有佛性，人人皆可成佛。佛是天上的人，人是地上的佛。只要你的思想觉悟达到一定的程度，你就可以成佛。有人将成佛的标准归纳为下面几句话：不争就是慈悲，不辩就是智慧，不闻就是清静，不看就是自在。不争、不辩、不闻、不看就是佛。《佛经》也说："放下屠刀，立地成佛。"即便是杀生的坏人，只要放下屠刀，幡然改悟，亦能成佛。如果从这个角度来理解佛教，那么佛教就是一种处世哲学。

然而，佛教毕竟是一种宗教，宗教则不可避免地被纳入神学的范畴。这就是《佛本生经》和一些佛教教义蒙上神秘色彩的原因。因为蒙上神秘色彩可以让人畏惧，使人盲从，失去理性，从而具有更大的权威性和号召性。

佛经《根本说一切有部毗奈耶杂事》卷二十记载佛陀诞生：佛祖住在兜率天上，看见摩耶夫人在蓝毗尼园，手攀无忧树枝。于是乘六牙白象，托胎于摩耶夫人；于4月8日从摩耶夫人右肋出生；才出生时，便周行七步，一手指天，一手指地，环顾四方，作狮子吼曰："天上天下，唯我独尊。"

佛陀诞生的这段记述，毫无疑问是后人编造的。其中的神话传说，无非想说明这位名叫释迦牟尼的小孩，出生时就异于常人。他是从他母亲摩耶夫人右肋下出生的，刚出生时便能走路说话，周行七步，一手指天，一手指地说："天上天下，唯我独尊。"佛教的经典都作如是记载，也就容不得佛教徒们有丝毫的怀疑了。

蓝毗尼园的佛陀诞生塑像

关于佛陀的生平事迹虽然没有可靠的历史资料可循,但现存不同文本的佛经中也有一些记述,抛开神话、传说的部分,不难找到一些真实的历史,为学界所普遍接受。

佛陀出生在印度北部的迦毗罗卫国(Kapilavastu)的王家,父亲名叫净饭王,母亲是摩耶夫人。其降生时间据说是中国农历四月初八,出生后不久,其母逝世,由姨妈瞿昙弥抚养成人。16 岁时他娶妻耶输陀罗,生了一个儿子罗睺罗。本来,他出身刹帝利,血统尊贵,经济宽裕,生活无忧无虑,为什么偏偏要选择出家呢?佛经解释说,是因为有一次他走出宫门,看到街上的人经历着生、老、病、死的痛苦,便想到通过出家,寻求解脱办法。这种解释是有一定道理的。自有人类以来,一直有一个问题困扰着人,这就是:人从哪里来?死后到哪里去?这个问题,历时数千年而不得解。可以说,人世间最大的学问,莫过于生死的学问。正是因为寻求对生死问题的解答,基于对死亡的无奈和恐惧,对永生的追求和向往,才出现了各种各样的宗教和文明。宗教是关于死亡的一种信仰,也是人类文化的起源。正如德国古典哲学家费尔巴哈所说:如果人不死,如果人永生,即如果没有死亡,那也就没有宗教。①

5 000 多年前的埃及人修建了金字塔,把它当作死的归宿,就是因为他们冀望永生。他们相信,人是有灵魂的,死后将人体制成木乃伊,保持人体的不腐败,总有一天灵魂会回归人体,使生命重生。古埃及人的信仰虽然尚未形成宗教,但是他们创建的金字塔和木乃伊确已属于早期的宗教文明范畴。

基督教或天主教,则把生命和世界都看成由上帝创造的。上帝最先创造了一个名叫亚当的男人和一个名叫夏娃的女人,由于他们在伊甸园里偷吃了禁果才繁衍出人类。因此,人从始祖起就犯了罪,这就是原罪。人一生下来就在罪孽中生活,只能通过祈祷请求上帝来帮助他从罪孽中解脱。人临终之日,上帝会来对他进行公正的最终审判。

产生于 7 世纪的伊斯兰教则认为:"除安拉外,别无神灵。""穆罕默德是安拉的使者。"伊斯兰教的经典《古兰经》是安拉的启示。天使是安拉从光中创造的妙体,是启示的传达者。人死之时将有末日审判,届时,人将复生,或进天堂,或下地狱。

在印度出现佛教之前产生的婆罗门教,规定大梵天神婆罗摩为最高神

---

① [德]路德维希·费尔巴哈著,荣震华、李金山译:《费尔巴哈哲学著作选集(下卷)》,生活·读书·新知三联书店 1959 年版,第 461 页。

祇,是一切事物的创造者,是创造之神。不同种姓的人是从大梵天神的不同部位出生的。吠陀经中的《原人歌》(*Purusha Sukta*)十二颂说:"他——大梵——的头是婆罗门,他的两臂作成王族,他的腿部变成吠舍,从他的脚上生出首陀罗来。"①出生时的不平等,决定了今后一生一世的不平等,并影响到他的后世子孙。造成这种不平等的原因则在于个人的业,人生的不同遭遇是由前世的业造成的。今世的业决定你来世投生的结果,做好事可以投生于上层社会,做坏事则投生于社会下层,甚至沦为畜生。

由此可见,对于生死问题的困惑和思考,是宗教产生的一个根源。释迦牟尼放着舒适安逸的日子不过,选择出家苦行,正是出于他的宗教意愿,出自他对生、老、病、死等问题的探讨。他不但希望自己能摆脱生、老、病、死,也希望能帮助众人从生、老、病、死中解脱出来。他尝试通过苦行修炼,经历各种磨折,来大彻大悟。然而这个办法并未见效。后来他放弃禁食,最终在菩提树下冥想得悟,创立了佛教。经这样解释,自然就不难理解贵为王子的释迦牟尼为什么会选择出家了。正如恩格斯所说:"宗教是由身感宗教需要并了解群众宗教需要的人们所建的。"②

季羡林先生对释迦牟尼创立佛教的原因还有更深一层的解释,他从民族和阶级矛盾的角度分析说,释迦牟尼降生的释迦族,不像是外来的雅利安人,而像是原来的居民。释迦牟尼虽然贵为王子,但他也感受到原住居民被雅利安人压迫的痛苦。"他感到日子也不那么好过,人间也不那么值得留念。于是悲观了,出家了。这痛苦是从哪儿来的呢?他了解群众的宗教需要根源又在哪里呢?最合理的解释就是民族压迫。"③

季羡林先生用马克思主义阶级和阶级斗争的观点来分析释迦牟尼创建佛教的原因,自然比我们更胜一筹。

不管怎么说,释迦牟尼决定出家了。《增一阿含经》中佛陀对弟子说:"尔时,诸比丘众,吾尚孩提,黑发覆额,当生命之初阶,年华正茂。父母啼泣,泪流满颊,我竟辞家,不顾而去,剃除须发,身着缁衣,从此遂为出家之人。"

起先,释迦牟尼投师沙门。沙门是跟婆罗门不同的另一类修行者,他们的思想跟婆罗门教对立,照季羡林先生的说法,沙门亦属于原住居民,受到雅

---

① 张澄基:《佛学今诠》,慧炬出版社1973年版,第14—15页。
② [德]弗里德里希·恩格斯著,中共中央马克思恩格斯列宁斯大林著作编译局编:《恩格斯论宗教》,人民出版社2001年版,第10页。
③ 季羡林:《花雨满天》,现代出版社2016年版,第43页。

利安人的迫害。释迦牟尼拜的第一位沙门师父是阿罗陀,他照阿罗陀的要求过了一段时期的梵行生活。阿罗陀主张通过禅定达到静虑状态,进而在意识上体会到一切空无所有。不久,释迦牟尼达到了师父的要求,使师父大为叹服,并被建议与之合作领导沙门团体。但释迦牟尼并不满足于这种学说,辞别阿罗陀,另投师门。

释迦牟尼的第二位沙门师父叫郁陀兰子,郁陀兰子教他在思想意识转生方面达到一个更高的层次——非想非非想处天。释迦牟尼依然不满足,于是把主要精力转向苦行修炼。

《杂阿含经》描述释迦牟尼苦修的情景说:"荒林丛莽之间,陵峦辟远,岂适于居处？寂寞难堪,孤身可畏。仿佛树妖林怪,窃去比丘心识,使之不得入定。"他决心驱逐围困他的恐怖心理,"开始努力,排除障碍,专心镇定,不起纷扰,平息身心,不使激荡,集中思绪,注于一点"。他的心念逐渐脱离一切执着烦恼,历经"禅那"四阶段,达到无所谓乐与不乐的绝对清静境界。

释迦牟尼苦行六年,结果营养不良,身体孱弱,他独自思忖:"如是等妙法,悉由饮食生。"吃不饱肚子,是想不出妙法来的。于是他决定进食。他吃了牧羊女献给他的奶酪后,精力倍增。"食已诸根悦,堪受于菩提。"他来到菩提伽耶这个地方,在一株巨大的菩提树下打坐冥思,发出誓言:若不成佛,决不站起。他集中精力,冥想,不知经历了多长时间,终于开悟。他打开天眼,看到世间的生死轮回,善有善报,恶有恶报,一切因缘而生。他在对人间苦难原因的追索中提出了"十二因缘说",即无明缘行,行缘识,识缘名色,名色缘六入,六入缘触,触缘受,受缘爱,爱缘取,取缘有,有缘生,生缘老。整个生命现象就是这十二环节所构成的流传过程。此有故彼有,此无故彼无。此外,释迦牟尼还提出了诸行无常、诸行皆苦、诸法无我三相,苦、集、灭、道四谛,色、受、想、行、识五蕴,正见、正思维、正语、正业、正命、正精进、正念、正定八正道和轮回业报说。自此,一整套的佛教理论体系正式确立。释迦牟尼作为佛教理论体系的创建者,他成了佛;这套佛经理论体系就是法;释迦牟尼开始在鹿野苑传道,收了五个徒弟,这就是僧。佛、法、僧三宝俱备,从此有了佛教。

上面我们介绍的佛陀诞生和佛教创立的过程,是抛弃了佛经宣传里的许多神秘主义的因素,还原其人本主义的本质,经过去粗取精、去伪存真而归纳总结出来的,是大体可信的,并有古贤和今人的实地考察所证实。

关于佛陀的诞生地蓝毗尼园,现今在尼泊尔境内,距加德满都200多千米,离印度20多千米。401年前后东晋僧人法显曾经来到这里,目睹了这里

蓝毗尼园的拘律树

的情况："城中都无王民,甚如坵荒,只有众僧民户数十家而已。"①法显参观了许多与佛陀生前传说相关的遗址,包括白净王(净饭王)故宫,佛陀当太子时出城东门见到病人苦状的地方,佛得道后还见父王处,佛在树下布道的那棵拘律树。"城东五十里有王园,园名论民。夫人入池洗浴,出池北岸二十步,举手攀树枝,东向生太子。太子堕地行七步,二龙王浴太子身,浴处遂作井。及上洗浴池,今众僧常取饮之。"不过,法显去到那里的时候,距佛陀诞生已有近千年,情况发生了很大的变化。"迦维罗卫国(迦毗罗卫国)大空荒,人民希疏。道路怖畏白象、狮子,不可妄行。"②

唐朝著名僧人玄奘也于7世纪曾来过这里,他在《大唐西域记》卷六说：

　　城东南窣堵波,有彼如来遗身舍利,前建石柱,高三十余尺,上刻狮子之像,傍记寂灭之事,无忧王所建焉……次北有窣堵波,有彼如来遗身舍利,前建石柱,高二十余尺,上刻狮子之像,傍记寂灭之事,无忧王之所建也。

---

①② 章巽:《法显传校注》,上海古籍出版社1985年版,第81页。

照玄奘的记述，阿育王立的石柱有两处，一处高三十余尺，一处高二十余尺，且石柱上端有石刻狮子像。现今考古发掘出来的阿育王石柱只有一根，上端的狮子像也不知所终。

2017 年笔者到尼泊尔旅行，有机会亲履蓝毗尼园。首先映入眼帘的是一根高柱上立着一个男孩雕塑，一手指天，一手指地。七步之遥，是摩耶夫人的塑像。她高举右臂，据说佛陀就是从她肋下生出来的。雕塑群的立柱上镌刻着韩文，下端用英文标明系韩国 108 个寺庙的僧侣出资修建。

进入蓝毗尼园，各种风格的新建寺庙鳞次栉比，分别由德国、法国、日本、缅甸、越南、韩国、中国、斯里兰卡、尼泊尔等国修建。有的正在修建，有的已经完工。这是一项国际合作计划，彰显了国际社会对释迦牟尼创建佛教文化的充分肯定。释迦牟尼佛是一位活生生的历

阿育王石柱

史上曾经出现过的人，然而他秉持的"众生平等"观念，使他变得不普通。佛教提倡众生平等是对婆罗门教森严等级制度的挑战。西方人主张人权、平等是文艺复兴时期之后的事，比佛陀提出"众生平等"的口号晚了两千多年。这使我们不得不感叹佛陀是一位超越时代的思想家，他有许多思想至今仍像金子一样闪光。

第三节　佛教、沙门、婆罗门教

季羡林先生在其著作《佛教十五题》中分析佛教、沙门和婆罗门教的关系说：

> 释迦牟尼佛时代，正是印度古代思想最活跃的时期，有点像中国的春秋战国时期，各种学说，风起云涌，百家争鸣，莫衷一是。从各方面来看，都可以说是印度历史上的一个转折点。当时在思想界有两大对抗的潮流：一是婆罗门，主张吠陀天启，祭祀万能，婆罗门至上。这是保守派。

一派是沙门,反对婆罗门那一套,是革新派。释迦牟尼属于沙门系统,属于革新派。①

僧侣朝圣蓝毗尼

佛教和沙门的关系,是佛教继承了沙门的传统的关系。这首先表现在释迦牟尼佛出家后先拜第一位沙门师父阿罗陀,后又拜第二位沙门师父郁陀兰子。佛教创立后,佛陀收的许多弟子都是沙门,连婆罗门出身的舍利弗和大目连,也是先做沙门,然后才皈依佛教的。可以说,佛教和沙门具有师承关系,但不是说,佛教就等于沙门。佛陀依照沙门苦行修炼的方法,并没有修得正果,反而濒临死亡,所以他才改弦更张,自辟蹊径,最后获得成功。佛教的学说与沙门传统有同亦有异。

佛教和婆罗门教的关系,则是一种对立的关系。佛教并没有继承婆罗门教的思想传统,在佛教经典中,根本找不到婆罗门教经典《奥义书》的任何影响,甚至连《奥义书》的名字都没有出现过。当然,佛教和婆罗门教作为当时甚为流行的两大宗教,不可能没有一点儿瓜葛,两者在某些宗教教条和哲学概念方面,曾相互影响和借鉴。但总体来说,佛教是对婆罗门教的革命。

佛教反对婆罗门教严格的等级制度,吸收各种不同种姓的人作为佛教徒。佛经一再强调,一入佛教,如众流归海,一切差别不复存在。佛教的这种开放性及平等性,大大增强了其自身的吸引力和与婆罗门教的竞争力,不但许多群众放弃婆罗门教信仰改信佛教,而且很多婆罗门教士也改换门庭,皈依佛教,甚至成为佛教高僧。检索《高僧传合集》,不难发现,许多来华传教的高僧,原先都是婆罗门教士。诸如:

---

① 季羡林:《佛教十五题》,中华书局2007年版,第21—22页。

佛陁耶舍,此云觉明,罽宾人,婆罗门种,世事外道。①

求那跋陀罗,此云功德贤,中天竺人,以大乘学,故出(世)号摩诃衍。本婆罗门种,幼学五明诸论,天文书算,医方咒术,靡不该博。后遇见《阿毗昙杂心》,寻读惊悟,乃深崇佛法焉。其家世外道,禁绝沙门,乃舍家潜遁,远求师范(友),即投簪落发,专精志学,及受具戒(足),博通三藏。……元嘉十二年至广州。②

(又熙平)元(年),有南天竺波罗奈城婆罗门姓瞿昙氏名般若流支,魏言智希,从元象元年至兴和末,于邺城译《正法念》《圣善住》《回诤》《唯识》等经论,凡一十四部八十五卷。③

以上列举的三人,原先皆是婆罗门教士,后改奉佛法。

至于在佛陀时代的印度,究竟有多少婆罗门教士皈依了佛陀,因缺乏有关文献记载,所以不得而知,只知道佛陀最初的弟子中,就有苦行仙人迦叶兄弟三人是婆罗门。佛陀在王舍城又收了舍利佛和大目连两个婆罗门弟子。这些是有名有姓的,没名没姓的佛教信徒中来自婆罗门身份者,当不计其数。

除开婆罗门外,佛教信众主要来自吠舍阶层。"吠舍不断产生阶级分化,农民、牧人、商人都属于这个种姓。佛教主张'非杀',其中包括不杀耕牛,这当然代表了农民的利益。"④

释迦牟尼同商人也有很好的关系,最初的佛教信徒中就有两名商人,他们给佛陀必不可少的物质支持。希达多长者是商业行帮的首领,他购买了童子胜的花园赠送给佛陀,园中布满亿万金钱。妓女庵婆罗也送给佛陀一座花园。即使属于社会上层的刹帝利,释迦牟尼也尽量争取他们的支持,在种姓排列中,佛教不像婆罗门教那样把婆罗门排在首位,而是把刹帝利排在首位。

得道多助,失道寡助,这是社会发展的规律。佛陀主张众生平等,与婆罗门教生而不平等的等级制度相反,因而得到大多数人的拥护,很快就取婆罗门教而代之。佛教的信徒越来越多,从佛得道时的最初几位弟子,很快发展

---

① 慧皎等:《高僧传合集》,上海古籍出版社1991年版,第14页。
② 慧皎等:《高僧传合集》,上海古籍出版社1991年版,第24页。
③ 慧皎等:《高僧传合集》,上海古籍出版社1991年版,第109页。
④ 季羡林:《花雨满天》,现代出版社2016年版,第41页。

为人数庞大的僧团。佛最初的五位弟子,是由佛亲自为之剃度的。后来要求剃度的人越来越多,他便让弟子中的领头帮助剃度,并将管理僧团的事务交给他们。佛涅槃时,告诉随伺在旁的弟子说:"我死后,应以自为师,以法为师。""以自为灯明,以法为灯明。"

第四节　阿育王与佛教的对外传播

佛教向印度境外传播始于阿育王时期。

阿育王(Ashoka,公元前304—前232年)是印度孔雀王朝的第三代君主,频头娑罗王之子,王朝开拓者旃陀罗笈多之孙。年轻时的阿育王穷兵黩武,嗜杀成性,用武力统一印度,仅公元前261年远征孟加拉沿海的羯陵伽国的一场战争,就造成了10万人被杀、15万人被俘的人间惨剧。阿育王自己也被血流成河的场面所震惊,他决心放下屠刀,皈依佛教,并成为佛教护法。他向佛教僧团捐赠了大量的财产和土地,兴建了84 000座佛塔,邀请著名高僧帝须长老召集1 000位比丘,在华氏城举行第三次大结集,开始向印度边陲地区和周边国家派遣佛教使团以传播佛教。《善见律毗婆沙》卷三说:

> 于是帝须语诸长老:"汝等各持佛法至边地竖立。"……即遣大德末闻提至罽宾键陀罗国,摩诃提婆至摩醯娑末陀罗国,勒弃多至婆那婆私国,昙无德至阿波兰多迦国,摩诃昙无德至摩诃勒吒,摩诃弃多至臾那世界,末示摩至雪山边国,须那迦、郁多罗至金地国,摩哂陀、郁帝夜、参婆楼、跋陀至师子国,各树立佛法。

自此,佛教走出印度,走向世界。

第二章
佛教在泰国的传播

在阿育王派出向海外传播佛教的9个僧团中,须那迦、郁多罗两位长老率团到达了金地国,这是史有明载、明白无疑的。问题是金地国究竟在什么地方?金地国肯定在东南亚地区,这是学术界的共识,也没有人怀疑。争论的焦点是,金地国到底是在缅甸还是在泰国?金地,在巴利文中称为素弯拿普米(Suwarnabhumi),缅语、泰语沿用之。中文古籍里称为金邻国。因为缅甸的古代宗教文献及碑铭里曾经出现过这个地名,所以缅甸学者认为金邻国应该在下缅甸的勃固(Pegu)。但是,泰国学者反对说,假如金邻国真的在缅甸勃固的话,印度阿育王派到素弯拿普米弘法的两位高僧应该到过那个地区。然而,至今找不到任何证据足以说明两位印度高僧曾经到过勃固。而缅甸的佛教,是5世纪后才兴起来的。

泰国国家博物馆前馆长巴通·储平攀根据泰国地区发现的扶南时期留下来的大量金器,以及湄南河流域许多地名都跟金子有关这一事实,断言泰国素攀府的乌通城(u-thong,金城)是扶南时期的一个重要城市或权力中心,也就是说,是金邻国的首都。

比较起来,金邻国在现今泰国地区的说法比较可信。因此,我们把印度高僧须那迦、郁多罗于公元前3世纪到金邻国弘法,视为佛教传入泰国之始。

第一节 金邻国时期(公元前3世纪—公元6世纪)

泰国是一个佛教国家,公元前3世纪印度阿育王派高僧到金地国弘法,被视为佛教传入泰国之始。佛统的大金塔则是佛教传入泰国的标志。

金地国就是中国古籍里所说的金邻国(或金陈国),以现今泰国的佛统府为中心。

金邻国在泰语里称为素弯拿普米,意即盛产黄金的地方。中国人和印度人很早就知道这个地方,并来这里寻找黄金。此地正好位于中印往来的交通要道上,是中印经济与文化交流的一个重要的节点。

中国古籍关于这一地区的记载最早见于三国时期朱应的《扶南异物志》和康泰的《吴时外国传》。231—245年之间,吴国官员朱应、康泰奉命出使中南半岛地区,归国后他们根据亲身见闻分别写了上述两本书,其中谈到位于现今泰国中部靠近暹罗湾的地方存在一个金邻国。可惜朱应、康泰写的这两本书早已失传,只留下零星片段散见于《太平御览》等书中。新加坡学者许云樵先生生前做了大量的辑轶,编成《吴时外国传辑注》,给我们的研究工作提供了极大的方便。

《太平御览》卷七九〇"金邻国"条引《扶南异物志》说:"金邻一名金陈,去扶南可二千余里,地出银,人民多好猎,大象生得乘骑,死则取其牙齿。"

同书又说:"金阵(陈)国,入四月便雨,六月乃止,少有晴日。"这条记载虽然很短,却有价值,它把金邻国的气候特点说得十分清楚。正如泰国的气候特征一样,金邻国一年之中没有四季之分,只有旱季和雨季,四月下雨,六月乃止。

最早传到金邻国的佛教是小乘佛教,这是学者们研究后得出的结论。因为在阿育王派出传教的9路高僧中,虽然兼有各种教派,但可以肯定的是,第8路和第9路的高僧是小乘教派。根据佛教文献《善见律毗婆沙》的记载:"须那迦、郁多罗至金地国,摩哂陀、郁帝夜、参婆楼、跋陀至师子国,各树立佛法。"

近年在佛统发现一个石制的大法轮,据考证是阿育王时期的遗物,因为那个时期还没有佛像,以

来泰国弘法的外国僧人

法轮

法轮代表佛陀说法。该法轮现存于佛统博物馆。

屹立在佛统市中心的佛统大金塔据说修建于公元前287年,虽然许多学者对此表示怀疑,但谁也拿不出确凿的证据来否认。我们现在看到的佛统大金塔是曼谷王朝拉玛四世(1851—1868年在位)下令重新修建的。为保存原先的文物古迹,先复制一座原塔,移植到南边。然后在原塔的外面建一座锡兰式大塔,将原塔包裹在其中。此项巨大的工程于1853年动工,直到拉玛五世时代的1870年才竣工,耗时17年。重修后的金塔高120米,成为佛统的地标建筑,几千米之外,便可看到塔尖。

佛统地区位于泰国中部,不仅是佛教最先传入泰国的地区,而且一直是泰国佛教最活跃的中心地带。

佛统大金塔

到了6世纪下半叶,金邻国逐渐走向衰败,最终被堕罗钵底国取代。

第二节 堕罗钵底国时期(6—11世纪)

6世纪,今泰国中部佛统一带出现了一个由孟人(Mon)建立的堕罗钵底国(Dvaravadi)。隋唐时期,中国的学者和僧侣已经知道这个以佛教文化而闻名的国家,并留下了许多宝贵的记载。

玄奘在《大唐西域记》卷三"摩咀吒"条提到堕罗钵底国。他本人未亲莅此国,而是在佛教中心印度获知这个国家的,这说明这个国家和印度有交往,佛教很发达。

唐朝另一名高僧义净于671年从广州出发,乘船经海路到达印度,在那烂陀寺学习十年,于695年返回洛阳。义净在其著作《南海寄归内法传》卷一"东裔国"注中说:"从那烂陀东行五百驿,……次东有杜和钵底国(堕罗钵底国)。"那烂陀寺是印度佛教圣地,往东行五百驿,便可到达堕罗钵底国。

由此可见,堕罗钵底国无论从海路或是陆路都可以分别与印度、中国相

堕罗钵底青铜佛像

堕罗钵底石佛头

连，处于中、印两大文明的交汇点上，不可避免地同时受到中、印两种文化的影响。

堕罗钵底国存在的时间是 6—11 世纪，相当于中国的隋唐时期。中心地区在今佛统一带。堕罗钵底国是由哪个民族建立的？杜佑《通典》卷一八八说："投和国（堕罗钵底国），隋时闻焉。在南海大洲中，真腊之南。自广州西南行，百日至其国。王姓投和罗，名脯邪乞遥。"从国王的姓氏可以看出他不是泰族，因为泰人最初是有名无姓的，泰人开始有姓是 19 世纪以后的事。另外，堕罗钵底国是使用文字的。杜佑《通典》说："文字与中夏不同。"说明它有文字，只是与中夏（中国）的文字不同罢了。而泰人则是从 13 世纪兰甘亨时期才开始有自己的民族文字的。那么，堕罗钵底国使用的究竟是什么文字？佛统地区先后出土了一些巴利文和孟文的碑铭，巴利文是佛教经典使用的文字，源于印度；而孟文则是当地人使用的文字，由此亦可证明堕罗钵底国是孟人建立的。

杜佑《通典》说，堕罗钵底国"有佛道"。这里说的"佛"，当然是指佛教。"道"则不是指中国的道教，而是指婆罗门教。婆罗门教在东南亚传播的历史悠久，传入时间早于佛教。到了 6—7 世纪，婆罗门教和佛教在东南亚并行不悖，并无大的矛盾冲突。之后，婆罗门教在民间才慢慢式微，只在王室宫廷里保持着较大的影响。

从曼谷国家博物馆保存的一些堕罗钵底时期石雕或青铜佛像可以看出，这个时期的佛像艺术已经形成了独特的风格，它跟柬埔寨吴哥时期的艺术近似，同时又带有印度笈多王朝艺术的特点，被称为堕罗钵底的佛教艺术。

第三节 三佛齐时期(7—14世纪)

7—14世纪,以苏门答腊为中心出现了一个称雄东南亚的大国,在中国唐代的载籍里称为室利佛逝,在宋以后的载籍里称为三佛齐。无论是室利佛逝还是三佛齐,都是Srivija的同音异译。三佛齐强盛的时候,其国土和势力范围跨过马六甲海峡,到达马来半岛的南部。现今泰国的猜也(Chaiya)至洛坤(Nakhon)一带,都归三佛齐管辖。

三佛齐是一个信奉佛教的国家。唐代高僧义净于咸亨二年(671年),乘阿拉伯商船,从广东出发,到达这里,待了6个月,学习梵文,足见这里是仅次于印度的佛教最盛行的地方。682年或683年,义净从印度回国时,又在此地逗留了很长时间。他甚至专程返回广州一次,购买抄写佛经的纸墨,再度返回三佛齐抄写佛经。

狼牙修使节图

义净在其著作《大唐西域求法高僧传》①介绍说,除他本人之外,还有许多中国留学僧在这里学习一段时间的梵巴文,然后才去印度留学。因为三佛齐是学习大乘佛教的重要道场,其名声和影响不亚于印度。

三佛齐的佛教艺术形成了独特的风格,它和堕罗钵底佛教艺术一样是现代泰国佛教艺术的重要源流。

现今泰国境内的三佛齐佛塔以猜也的帕波罗麻它佛塔为代表。该塔大约建于757年,正值三佛齐鼎盛时期。由于三佛齐国王崇信大乘佛教,故猜也流传大乘教派。帕波罗麻它佛塔是泰国保存最好的一座三佛齐时期大乘教派的佛塔,除塔顶坍塌重修过外,1000余年来基本维持旧貌。它建在一个四方形的基座上,从埋在地下的塔基至塔顶高24米。塔尖原来是银制,上端的金华盖计3层,银制包金。后原件被盗,1938年寺方用镀金件代替,现今又重制黄金华盖置于其上。

---

① 义净:《大唐西域求法高僧传》,中华书局1988年版。

三佛齐的佛像造型完全是大乘教派的风格,这跟泰国其他地区的小乘教派明显不同。"大乘之异于上座部(小乘)的特色是菩萨观念,实行六度波罗蜜,发展菩提心,修行十地行法、三身和真如观念,目的是成佛道。"①就是说,大乘佛教与小乘佛教的最大不同,就在于大乘供奉菩萨,小乘没有菩萨。大乘强调广度众生,小乘注重自度。所以,三佛齐时期出现了许多菩萨的造像,有石雕的,也有青铜的。最常见的是观音菩萨像。其特点是相貌如君王,装饰华丽,神态慈祥,充分显示了观音菩萨大慈大悲、救苦救难的慈悲心肠。

不过早期三佛齐的泥塑造像没有什么固定特点。值得注意的是藏于枯哈山洞(Kuha Cave)的晚期造像,计有泥塑佛像、菩萨像和压模小佛像。造像上刻有巴利文、北印地文和古爪哇文,带有中爪哇的艺术特点,并受印度波罗(Pala)王朝的影响。这些泥塑佛像和菩萨像都是大乘教派推崇的毗卢遮那佛、观音菩萨、文殊菩萨、普贤菩萨等。9世纪,印度阿底沙尊者尚未进入西藏弘法之前,曾到室利佛逝求法12年,依止法称论师修学佛法,由此证明大乘佛法在室利佛逝之兴盛。到了三佛齐时期,大乘教派由爪哇传至泰南,当是毋庸置疑的。

在洛坤塞马寺还发现梵文铭刻:"世界上最伟大的王中之王——三佛齐国王,修这三座塔,奉献给手持莲花的菩萨和手持瓦擦拉八尼的菩萨(指婆罗门教的帕英)。"这里说的三座塔,在猜也的隆寺、宝石寺和围寺相继被发现。②

三佛齐佛塔

三佛齐压模小佛像

第四节 女王国时期(8—13世纪)

8世纪泰国北部南奔出现了一个由泰永族建立的政权,泰文史籍称为哈

---

① 莫佩娴:《印度佛教部派的历史》,载《印度佛教论丛》,大乘文化出版社1978年版,第138页。
② 段立生等:《东南亚宗教嬗变对各国政治的影响》,曼谷大通出版社2007年版,第87页。

里奔猜国,中国唐代的文献则称其为女王国。樊绰《蛮书》卷十"女王国"条说:"女王国,去蛮界镇南节度三十余日程。其国至欢州十一日程,往往与欢州百姓交易。"就是说,女王国步行去南诏国需要30多天,去欢州需要11天。欢州在今越南河静省,是唐朝最南面的一个州。南诏曾发兵两万攻打女王国,"被女王药箭射之,十不存一,蛮贼乃回"。①

女王出巡图

那么,女王国是在什么时候由谁建立的呢?根据泰文《南奔地方志》的记述:"佛历1310年(767)拉锡瓦素贴和拉锡素嘎贪建南奔城。次年,请华富里的占玛苔微公主到南奔。占玛苔微应邀而来,并沿华富里至南奔一带建了许多城。"

有泰国学者认为,在古代泰永语中,"占玛苔微"是"已故国王寡妻"的意思。占也不是她的民族,而是代表在越南中部、泰国南部和柬埔寨一带曾经建立占婆王国的孟族。有泰文记载,占玛苔微的丈夫是华富里罗斛属国拉木城的君主。曾出家当和尚,大约在占玛苔微去南奔之前就去世了。《南奔地方志》有一段说道:"占玛苔微在华富里的时候就已经怀孕,到南奔后生下一对双胞胎男孩,其名玛罕塔约和膺它窝。后来占玛苔微又建了一座南邦城,让她的儿子膺它窝去统治,而让玛罕塔约代替她统治南奔城。"

问题是泰文的《南奔地方志》有许多不同的版本,且成书时间较晚,辑注混乱,舛误较多。一些内容自相矛盾,使人难以信服。但不管怎么说,女王国是由一位名叫占玛苔微的罗斛公主建立的,这大概是没有疑义的。

占玛苔微是将泰南佛教带到泰北的第一人。现今,清迈府宗通县小山寺保存着一块镌刻于佛历2097年(1544年)的石碑,上面记载说,占玛苔微把佛骨带到小山寺的佛塔里,并送来4位比丘尼看守佛骨。作为女王国的国王,她持教甚严,每逢礼佛那天必定吃斋。

---

① 樊绰:《蛮书》卷十,中华书局1962年版,向达校注本,第244—245页。

继占玛苔微之后,这个国家是否还由女王统治,我们不得而知。但中国方面的载籍,一直称它为女王国。《蛮书》卷十说,南诏曾发兵两万攻伐女王国。可见,8—9世纪的时候,女王国的军事力量仍很强大。

1007—1017年,南奔的女王国发兵攻打华富里的罗斛国,双方在华富里城下正准备开战,突然从洛坤开来大批人马,南奔王和华富里王都十分恐惧,急忙往泰北回撤。华富里王的军队乘船溯湄南河而上,先赶到南奔,便据城为王;南奔王的军队从陆路进发,耽误了时日,到南奔被拒于城外,只得折返泰南。此后,华富里王代替南奔王统治女王国。

1047年南奔霍乱猖獗,民众举城逃亡到直通城,但此时直通城被统治蒲甘的阿奴律陀王征服,他们不愿接受缅甸人的统治,又逃往孟人统治下的白古。6年后南奔人才返回故乡,并带回缅甸的孟人文化。

从1087年开始,南奔两次被外人占据:第一次被塔不城国王占领,统治了9年;第二次被素邦城国王占领,不久此王去世。塔不城和素邦城在什么地方,这两位统治南奔的国王是谁,迄今无考。

1147年南奔与华富里又发生一次战争。这次战争与往昔不同,不是军事力量的较量,而是比赛建佛塔。先建好者为胜,后建好者为负,负者将成为胜者的奴隶。这种把佛教事务用于确定战争胜负的做法,看似荒唐,实际反映了佛教普及和深入人心的社会现实。比赛结果是南奔方面失败,一部分士兵逃回南奔,一部分被俘为奴。后来,华富里军队两次攻打南奔不果。

从1147年到13世纪,南奔没有再发生大规模战乱。长期的安定和平促进了社会经济的发展,以致他们有了足够钱财用于修建许多佛塔和寺院。现存于南奔市中心的哈里奔猜寺,就是在这段时间修建的。该寺之佛殿金碧辉煌,美轮美奂;佛塔高46米,9层塔顶用黄金制成。女王国时期佛教之兴盛,由此可见一斑。

南奔古骨塔

第五节　华富里时期(11—12 世纪)

华富里政权是 11—12 世纪由孔族建立的一个地方政权。历史学家将其视为阿瑜陀耶王朝的前身。根据碑铭材料,大约佛历 1551 年(1007 年),三佛齐的一位王室成员从洛坤来到华富里统治,他的一位王子则被派去统治柬埔寨。因此,孔族的文化与宗教便随之传到泰国中部。他们跟三佛齐的孔族一样信奉大乘佛教,并特别推崇小乘佛教。泰国艺术厅出版的《泰国碑铭汇集》第 19 号碑铭说:"华富里兼有信奉大乘和小乘佛教的和尚。"

那段时期留下的重要佛教遗址有三座塔,分别立于华富里、披迈和帕侬诺,是那个时期佛塔艺术的代表,并充分彰显了佛教的势力和影响。

华富里时期的佛像造型也有其特点,佛像用砂石镌刻,佛的面孔为孔族式样,佛座为帆船形。阿瑜陀耶王朝初期的佛像也有这种样式,应算是华富里时期大乘佛教艺术留下的影响。但总体来说,当时那里还是堕罗钵底的小乘佛教维持着牢固的主导地位。后来,缅甸蒲甘的小乘佛教又从西部传进来,推动孔族的势力向泰国中部挺进,并扩张到泰北。小乘佛教进入泰北的一个表现是,泰北地区出现了许多用孔族文字书写的佛教经典,最

素攀山洞里的睡佛

满身贴金的希讪派高僧

帕侬诺石宫

终使泰北的兰纳泰文字变得跟蒲甘文字十分相像。

第六节 八百媳妇国时期(13世纪—1773年)

在很长的一段时间里,清迈都是一个独立的王国,中国元明时期的文献称其为八百媳妇国。《新元史》卷一九四解释这个名称的来源说:"八百媳妇者,其长有妻八百,各领一寨,故名。"清迈国王是否真有800个妻子,我们不得而知。但从上面的记载我们可以推断,13世纪的清迈王国是由800个大小不同的城市和村寨组成的,其首领皆由妇女担任,反映出当时泰北地区保留着母系社会的遗风。

孟莱王纪念碑

1296年孟莱王建都清迈之前,这个国家的首都在清盛,与元朝西双版纳只有一河之隔,是一个发轫于11世纪的地方政权。从民族学上说,他们都属于小泰族(Tai Noi),关系密切,互通婚姻。孟莱王的母亲喃苔坎开原是西双版纳景昽金殿国的公主,孟莱王本人也娶了一位景昽金殿国的公主作为王妃。1298年元朝曾出兵征伐八百媳妇国,但未能到达。途中经过西双版纳时征服了景昽金殿国,置车里军民总管府,正式把西双版纳置于元朝统治之下。这一年,孟莱王消灭了女王国,接着又筑清迈作为新都,国势日强,这促使元朝改变策略,变武力征讨为外交接触,遣使招徕,置八百大甸军民宣慰司,从此清迈政权臣服于元朝。

孟莱王统治时期,八百媳妇国一度十分强盛。其疆域东与老挝接壤,南与素可泰王朝交界,西与缅甸毗邻,北与元朝的西双版纳隔河相望。这段时期,佛教在泰北广泛传播,从上层统治者至下层普通老百姓皆崇信佛教。《新元史·八百媳妇传》云:"每村立一寺,每寺建塔,约以万计。"寺庙是村里的政治文化中心,寺庙的住持长老和村官组成村中最具权威的僧俗管理机构。寺庙亦是村里唯一的学校,村里的儿童都到这里读书,识文断字的僧侣充当教师。僧侣的日常生活由村民供养。寺庙是全村最好的建筑,是僧侣修行和居住的地方。每座寺庙都要建一座或几座塔。塔不仅用于纪念佛祖,亦是僧侣圆寂后的归宿。所以,从总体上看,塔比寺多。直至今日,清迈地区仍保留着成千上万的寺塔。这样大规模地兴建土木工程无疑要耗费巨大的财力物力,没有繁荣的社会经济是无法实现的。

清迈现存许多有名的佛寺佛塔,是佛教文化的重要遗址。例如,1481年修建的斋滴隆舍利塔,高98米,虽然在1545年发生的地震中遭到破坏,只剩下42米高的塔基和首层,但剩下的遗迹,依然蔚为壮观。

1317年孟莱王去世,其子浑乞滥继位。他主张与元朝要建立友好关系,接待过元朝使节,并派其子昭三听访问元大都。

清迈斋滴隆舍利塔

1327年浑乞滥去世,由昭三听继位。次年,昭三听把首都由清迈迁到清线。八百媳妇国后来称兰纳泰,与中国的元朝、明朝一直维持着友好往来。明朝四夷馆设八百媳妇馆,培养兰纳泰文的翻译,负责接待来自八百媳妇国的使节。

1477年,以清迈为中心的兰纳泰国王底罗迦从各地请来100多位高僧,举行三藏结集会议。会议历时一年多,这是泰国有史以来的第一次三藏结集,推动了民众对小乘佛教普遍的信仰。在结集期间,高僧们为三藏经典作注释,如智称论师注释的七部《阿毗达摩论》,就有很高的学术价值。有的高僧还撰写了自己的著作,最有名的如妙吉祥论师著《吉祥灯论》《本生灯论》《世界灯论》,宝慧禅师著《最胜时鬘论》等。①

伴随着佛教信仰在泰北地区的日益普及,佛教理念深入人心,甚至影响到泰民族形成慈悲善良的民族性格。人民皆"好佛恶杀","有敌人侵之,不得

---

① 演培:《泰国佛教简史》,载《东南亚佛教研究》,大乘文化出版社1978年版,第81—101页。

已与战,举兵得所仇而罢,名慈悲国。嘉靖间(1522—1566)为缅所兼,刀氏(泰族头人称为刀)避于景线(清线),一名小八百"。①

清迈被彪悍的缅甸人统治了很长时间,直到1767年泰国吞武里皇郑信驱缅复国后,亲率大军,在清迈城下与缅军两次鏖战,才将清迈收复。据《清史档案》记载,第一次战斗是在乾隆三十五年(1770年),"郑昭即丕雅新之禀,内称去年(1770)四月,奉命截拿花肚(缅人)逆匪,冬间起兵攻打花肚番所踞之青霾(清迈)城,连破其所镇之地,直临城下,因乏粮食硝药以致回兵"。②第二次战斗是在乾隆三十八年(1773年),吞武里皇亲征获胜,清迈正式划归泰国版图。

第七节　素可泰王朝时期(1238—1419年)

1238年建立的素可泰王朝被认为是泰国历史上第一个由泰族建立的国家。在泰语中,"素可"是幸福的意思,"泰"意为自由,"素可泰人"是幸福自由之人。在中文史籍里,素可泰被称为暹国。素可泰王朝的开创者名叫膺它沙罗铁(Indraditya)。根据希初寺石碑的说法,膺它沙罗铁是从克木人手中夺取素可泰城的。克木人后来又被称为吉篾人,是真腊(柬埔寨)的统治民族。膺它沙罗铁生有三男二女,大儿幼年夭折,二儿在父王逝世后一度继位。大约1297年,兰甘亨继其兄为王。在兰甘亨统治时期,素可泰王朝达到全盛。正像《兰甘亨石碑》(泰文)所说的那样:

兰甘亨国王在位的时候,素可泰国境内外是繁荣兴旺的。水中有鱼,田中有稻,国王不向他的子民征收过路钱;他们牵着牛骑着马去卖;谁愿意去做象的买卖,就去做;谁愿意去做马的买卖,就去做;谁愿意去做银和金的买卖,就去做。

素可泰王朝还通过武力对外扩张。《岛夷志略》"暹国"条说:

兰甘亨像

---

① 清师范:《滇系》第37册,八百大甸军民宣慰司条,光绪丁亥云南通志局版,第3—4页。
② 段立生:《泰国吞武里皇郑信中文史料汇编》,泰国华侨崇圣大学出版社1999年版,第25页。

俗尚侵掠。每他国乱，辄驾百十艘以沙糊满载，舍生而往，务在必取。近年以七十余艘来侵单马锡，攻打城池，一月不下。本处闭关而守，不敢与争。遇爪哇使臣经过，暹人闻之乃遁，遂掠昔里（新加坡）而归。

素可泰强盛时，其势力南部到达马来半岛，西部到达缅甸白古和孟加拉湾，东南达南海，东北到难府和湄公河西岸，北部达喃邦府。

素可泰时期佛教十分兴旺，盛行小乘佛教。这是因为素可泰是从吉蔑人统治的真腊王国中独立出来的。真腊最后一位信奉大乘佛教的国王阇耶跋摩七世（Jayavamen VII，1181—1219年在位）逝世后，真腊国势和大乘佛教一起式微。素可泰独立后，有意反其道而行，崇信小乘佛教，以对抗真腊。

兰甘亨石碑

兰甘亨统治时期，听说洛坤有几位从锡兰（今斯里兰卡）留学回来的高僧，持戒甚严，就把他们请到素可泰来。正如《泰国碑铭汇集》（泰文）第2号碑铭所言："兰甘亨国王在素可泰城西建造了寺庙，延请高僧来此研习佛律三藏，这些高僧皆来自洛坤。"由于锡兰本土山林多于平原，寺庙多建于山林中。从锡兰归国的留学僧，亦习惯在山林中居住，所以兰甘亨下令将寺庙盖在山里，这就出现了泰国佛教的锡兰教派，亦称山林派。

兰甘亨派人专程去锡兰请来锡兰高僧摩诃·禅哈瓦乍，并在素可泰城西边盖了一座石路寺让他驻锡。石路寺是当时最有名的寺院，寺内塑了一尊9米高的佛像。每逢盈月的第八日和亏月的第八日，高僧登台宣讲佛法。每年进入雨季，僧侣皆在寺中守夏念经，不再外出化缘，饭食由信众送到寺里。一月之后，守夏结束，要举行隆重的斋僧仪式。到了第五代国王利泰时（1347—1370年在位），他曾派使节去锡兰请来戒师，为国王本人受戒出家，从此开启了泰国国王一生中必须出家一次的先例，并沿袭至今，成为定例。国王剃度的意义在于向世人宣布，国王就是僧伽。利泰王佛学修养甚深，著有《三界》一书，被视为泰人撰写的第一本佛学著作。该书引用了30多部佛经，汇集了当时所知的佛教知识，将世界分为欲界、色界和无色界三界。欲界有11等，生存于欲界的人还有欲望，因其修行的高低分别处于11个不同的等级之中；

色界是禅定后达到的阶段,分为16等,此时的人已无欲,但还有形,和大千世界仍有联系;无色界有4级,是禅定的最高境界,已无形体。该书生动形象地讲述了人世轮回的种种情况,劝勉世人皈依佛教,一心向佛。

素可泰时期的佛像造型达到了佛教艺术的高峰。其代表佛像塑造的是一位姗姗而行的佛,可以跟世界上任何国家、任何时期的佛陀造像相媲美。此佛的面部低眉善目,手臂修长柔美如象鼻,步履轻盈,体态潇洒,被视为素可泰佛像的经典。

素可泰时期的佛塔,形成了特殊的风格:底座为四方形,高三层,重叠至塔身;塔顶呈饭团花球形或者像含苞待放的莲花。素可泰旧城中央的玛哈它寺佛塔和是塞察那莱城的七排寺塔为其代表。

素可泰的寺庙建筑受锡兰的影响很大,分为佛殿和佛堂两部分。佛殿用于供奉佛像和诵经,佛堂用于举办宗教活动。一般说来佛殿比佛堂大,佛殿墙壁上凿一些小孔代替窗户,光线从有限的小孔透入,带来光亮,亦在昏暗的环境中显现出光明的珍贵,营造出一种庄严的氛围。

作为国家政治、经济、文化中心的首都,其主要建筑是王宫和寺庙,只允许王族和僧侣居住,商店街市建在城外,一般民众只能住在城外。素可泰旧都、阿瑜陀耶旧都和柬埔寨的吴哥,都是这样。

据"泰国历史之父"丹隆亲王的论述:"在素可泰城作为首都的时候,看来有一位以上的僧王在统治着那时的国家。离首都较远的城市多是附属国。即便是离首都较近的大小城市,亦是任命王室成员去统治,跟附属国差不多。每

姗姗而行的佛

素可泰佛塔

个大城市大约都有一位僧王。"①

由于每位僧王都是由国王任命的,所以僧王都直接隶属于国王。

素可泰王朝从利泰王时期开始设立僧爵,只有两个爵位:僧王和长老。

第八节 阿瑜陀耶王朝时期(1350—1767年)

1350年,泰南的乌通王战胜北方的素可泰王朝,迁都阿瑜陀耶城,史称阿瑜陀耶王朝。中文史籍将这段历史称为罗斛灭暹,将阿瑜陀耶王朝称为暹罗斛,后简称暹罗。

阿瑜陀耶王朝统治泰国长达417年,直到1767年被缅甸灭亡。

阿瑜陀耶王朝的创始人拉玛铁菩蒂(Rama Tibodi,1350—1369年在位)统一全国后,便把注意力转向佛教。他将全国的僧侣分为左、右两大部分,分归左、右两位僧王管理。他们协助国王管理僧伽。左派是新派,右派是旧派,两派之间没有什么大矛盾。世俗政权也同样分为左、右两翼,分归左大臣和右大臣管理,他们协助国王统治民众。

拉玛铁菩蒂修建了两座佛寺。1351年,他在阿瑜陀耶城外修建了菩苔萨旺寺,供右僧王驻跸。该寺现存重要文物有几尊石雕大佛和右僧王的骨灰。1357年,他又在东南城郊修建猜蒙空大寺,专供从锡兰归来的留学僧们驻足。

戴莱洛迦纳王(Trailokaat,1448—1488年在位)时期进行了泰国历史上有名的行政制度改革,实行按军功、等级授田的"萨克迪纳制",贵族官吏按级别分得不同数量的封田,成为大大小小的封建主,农民及其家属则依附于不同的封建主,被固定在土地上。这种新型的生产关系促进了社会安定和经济发展,自然也给佛教带来空前的繁荣。

戴莱洛迦纳王在位40年,为佛教的繁荣做了许多贡献。他捐出王宫来建佛寺。这就是享

阿瑜陀耶佛像

---

① 丹隆亲王:《佛教文献汇编》(泰文),曼谷,佛历2514年(1971年)版,第169—170页。

誉泰国的名刹希讪派寺。迄今,该寺还保存着拉玛铁菩蒂二世(Rama Tibodi Ⅱ,1491—1529年在位)增建的一座佛殿,殿中耸立着一尊巨大的铜佛,高8哇(16米),用53 000泰斤(1泰斤等于2泰两,或40铢,折合公制600克)的铜铸成,外表涂上286泰斤的黄金。

戴莱洛迦纳王用三年的时间,塑了500尊罗汉。他还组织阿瑜陀耶的僧人,与来自兰纳泰、澜沧王国的僧人,结伴去锡兰受戒,并请回两位锡兰戒师,以整肃阿瑜陀耶王朝僧界的纪律。

1465年戴莱洛迦纳王建成朱拉玛尼寺,他在该寺剃度出家8个月零5天。从此时起,他颁发的谕旨明文规定,王族、官吏及其子弟在一生中亦需出家一段时间。因此,是年跟随他出家的官民多达2 388人。

1482年国王出面召集文人学士编纂阿瑜陀耶王朝的第一部佛教文学作品《大国皇语》。

到了那莱王(Narai,1656—1688年在位)时期,佛教文学极盛,出现了大量宣传佛教理念的诗歌、戏剧和其他形式的文艺作品。作为反映现实生活的文学作品,佛教文学的兴盛,正是现实生活中出现信佛、拜佛、礼佛高潮的直接反映。佛教所倡导的十二因缘、因果报应、生命轮回、诸行无常、诸行皆苦、诸行无我、四谛五蕴、八正道等佛理,深入人心,成为僧俗的普遍信仰和追求,很大程度上改变了人们的价值观念和生活方式。

在对僧团的控制方面,那莱王承袭了素可泰时期的一整套做法,并进一步改进。僧团的最高爵位有三等:僧王、僧长、大法师。当时计有三个宗派:素可泰时期留下来的阿兰瓦西派,原有的左派和新增加的右派,各教派都有自己的首领。阿兰瓦西派的领导包括大僧长1人、委员3人;左派的领导包括大僧长1人、委员17人、城市大法师24人(管辖22个城市),其余26个城市没有城市大法师;右派的领导包括大僧长1人、京城委员17人、城市大法师56人(管辖26个城市),另有20个城市没有城市大法师。

阿瑜陀耶王朝时期,泰国小乘佛教兴盛的程度甚至超过小乘佛教最初的发源地锡兰。特别是波隆摩阁王(Boromokot,1732—1758年在位)统治时期,阿瑜陀耶王朝曾应锡兰方面的请求,派高僧优婆离到锡兰传戒,帮助锡兰重建僧伽组织,使锡兰出现一个新的暹罗派(亦称优婆离派)。时至今日,这个教派在斯里兰卡仍有较大影响。

到了阿瑜陀耶王朝末期,泰国的佛寺已在全国遍地开花。正如魏源《海国图志》卷七《暹罗传》所说:"(暹罗)尊奉印度佛教,凡事苟且节俭,惟修建寺宇,则穷极华靡。"《明史·暹罗传》亦说:"富贵者尤敬佛,百金之产,即施其半。"京都阿瑜陀耶城坐落在周长 12 千米的小岛上,就在这块弹丸之地上,建立起了 400 多座寺庙。可惜 1767 年阿瑜陀耶城被缅军攻陷后,整座城市焚于大火,只剩下寺院的断壁残垣供人凭吊。如今许多著名寺庙的遗址,如帕蒙哥波皮佛堂

佛寺遗址

(Vihan Phra Monakol Bophit)、玛哈它佛寺(Wat Mahathat)、拉查补纳寺(Wat Ratchaburana)、帕纳买卢寺(Wat Phra Mainu)等,皆成为联合国教科文组织规定的世界人类文化遗产重点保护单位。

第九节 吞武里王朝时期(1767—1782 年)

　　1767 年缅军围攻阿瑜陀耶城的时候,华裔将领郑信率 500 名泰华士兵冲出重围,乘船顺湄南河而下,到东南沿海建立驱缅复国基地。翌年,郑信挥师北上,赶走缅甸侵略者,建立吞武里王朝。

　　在吞武里王朝存在的 15 年里,由于受到缅甸的入侵,国家动乱,经济凋敝,社会秩序混乱,民众生活艰难。攀·詹它努玛《吞武里编年史》(泰文)描述当时的情况说:"举目望去,被饥饿、疾病、兵燹所害死的人不计其数,尸骸遍野,堆积成山,苟活的人面黄肌瘦,形同饿鬼。"虽然郑信在短期内成功地将缅甸侵略军驱逐出境,但是并没有完全解除来自缅甸的军事威胁。缅军仍在泰缅边境虎视眈眈,随时希望卷土重来。泰国国内亦四分五裂,出现了许多地方割据势力。1768 年雨季,郑信发动了对彭世洛地方割据势力的攻势。统治彭世洛城的昭披耶彭世洛企图乘阿瑜陀耶王朝灭亡之机拥兵称王,他派兵驻扎滨河河口以阻止郑信的军队。当时正值河水泛滥,郑信军首战失利,郑信腿上受了枪伤,只得下令撤退。昭披耶彭世洛立即宣布自己为暹罗国王,然而登基才七天便因病去世,由其弟接替王位。同年年底,北部枋城的割

据者枋长老派僧侣军围攻彭世洛城,两个月后攻陷。百姓扶老携幼,到吞武里投奔郑信。

1768年雨季过后,郑信带兵平定了披迈的割据势力。1769年又南下平定了洛坤。这样,整个泰国境内就剩一股枋长老的割据势力。

枋长老是一支地方僧侣武装队伍。他们由一群不法僧侣组成,平时就不遵守戒律,吃喝嫖赌,无恶不作。趁国家内乱,便组织武装,参与世俗政权的争夺。1768年年底,枋长老吞并彭世洛后,又把魔爪伸向南部,派人去乌泰他尼、猜纳抢劫粮食和财物。这两个地方的守军向吞武里求援。1770年,郑信派刚晋升为披耶爵衔的汶吗(后来曼谷王朝的拉玛一世)和华裔"断剑英雄"披耶披差各率500名士兵从陆路出发,自己率领12 000名水军沿湄南河水路,抢先夺取了彭世洛城。9天之后,汶吗的陆军赶到,又合攻那空沙旺城。枋长老兵败逃到清迈投靠缅人。泰国复归统一。

国家统一后,佛教界仍存在很多问题。经战火的焚烧,大量寺庙被烧毁,众多佛像被毁坏,佛教典籍遭损坏,僧侣戒律松弛,寺庙香火中断。有人担心佛教从此消失,因为出家和尚无人供养。一些西方神父乘机规劝郑信用天主教来代替佛教,但遭到郑信的坚决拒绝。郑信知道坚持佛教就是坚持泰国的民族传统文化,恢复宗教秩序就是恢复社会秩序。所以,郑信把复兴佛

郑王像

北方佛教信徒壁画

教当作复国后的头等大事。他在大钟寺召集全国德高望重的僧侣开会,选举各地僧团的领导,重建佛教组织。与此同时,他颁布命令征集散佚的佛教典籍,集中到吞武里,组织人力校勘整理。1769年郑信征讨洛坤的时候,把那里珍藏的佛教论藏统统带回京都,组织僧侣抄写副本,完工后再将原件送还洛坤。郑信还将居住在洛坤的希长老请到京城,任命他为僧王。后有人揭发说,希长老在缅甸入侵阿瑜陀耶的时候,曾把百姓埋藏财物的地点告诉缅军,充当泰奸。郑信遂将希长老削职。此事的真相如何今已无考。不过后来曼谷王朝建立后,拉玛一世又重新任命希长老为僧王。其中的缘由,只有当事人知道。可以肯定的是,郑信在处理宗教问题上,触动了一部分既得利益者的利益,特别是平定北方枋长老的僧侣割据势力后,郑信清洗那些不法僧侣,有的被开除僧籍。他还重申戒律,派吞武里的高僧去为北方僧侣重新剃度。在整顿佛门秩序的过程中,必然遇到种种阻力,郑信的处理难免也有失当之处,这亦是他在位仅仅15年就被曼谷王朝取代的原因之一。由此证明,吞武里时期佛教的势力之强大。政教和谐相处则双赢,触动僧团利益则人亡政息。

第十节　曼谷王朝时期(1782年至今)

从1782年拉玛一世即位至今是曼谷王朝时期,已传十世王位,历时230余年。曼谷王朝时期的佛教,可按每位国王在位的时间顺序概述之。

一、拉玛一世时期(1782—1809年)

曼谷王朝初期,鉴于吞武里王郑信在处理宗教问题上的教训,拉玛一世对宗教特别重视,专门成立国家宗教事务厅,把宗教事务纳于中央政府直接管辖之下,借用宗教势力来维护中央集权的统治,把对宗教事务的管理跟巩固新王朝的政治统治结合起来。

拉玛一世登基伊始,便接二连三地颁布了七道与佛教有关的法令。对僧官级别进行调整,提高僧侣的道德水平,扭转佛教界的混乱局面,恢复佛教的权威地位。1788年在曼谷召开的全国著名高僧会议,由副王(后来的拉玛二世)主持,王室主要成员亦列席参加。会议制定了严厉措施,对不服从国家政权领导的寺院和僧伽进行打击。仅1801年一年之内政府就取消了128名"道德败坏,形迹恶劣"僧侣的僧籍,将他们送去当苦力。为了使守法僧侣有安定的住处和举行正当宗教仪式的场所,拉玛一世下令花费巨资大量修建寺庙。首先在大

拉玛一世像

泰国国宝碧玉佛

皇宫内修建皇寺。泰国历代王朝都有修建皇寺专供王室成员礼佛使用之传统,素可泰王朝有玛哈它寺,阿瑜陀耶王朝有帕希讪派寺,吞武里王朝有黎明寺,曼谷王朝则有玉佛寺。

玉佛寺(Wat Phra Kaeo)坐落在大皇宫里,修建于1782年。该寺建成后两年,拉玛一世将征讨老挝万象时获得的一尊碧玉佛迎奉到这里,因而取名玉佛寺。玉佛成为国宝,拉玛一世为其定制了夏季和雨季的衣服。以后拉玛三世又增制了冬衣。每年换季的日子,都要举行隆重仪式,由国王为玉佛更衣。

除玉佛寺外,拉玛一世时期共建立、修缮了10座佛寺,耗费了许多金钱和人力。举例说,1789年修缮阿瑜陀耶时代的帕派扑寺,竟动用2万名工人,耗时12年,花费46万铢。

由于战争的破坏,数以万计的佛像遭遇前所未有的浩劫,或被弃之荒野,或已破损不全。这些历代制作的佛像,有泥塑,有木刻,有石雕,有铜铸,不仅是难得一见的艺术精品,亦有很高的文物价值。拉玛一世派人从北方搜集了大小佛像1 248尊,运回曼谷,分置于各寺。这一时期基本上没有制作新佛像,本来有计划重新浇铸被缅军焚毁的阿瑜陀耶王寺帕希讪派寺里的巨大铜佛,但僧王反对说:"帕希讪派寺的佛像已经被火烧过一次了,不应该再烧一次。"因而浇铸铜佛的计划被搁置,改为建塔,这就是我们现在看到的帕希讪派塔。

收集散佚的佛教典籍亦是复兴佛教的一个重要步骤。吞武里王郑信曾经做了大量的工作,但没有全部完成。拉玛一世认为有必要将这项工作进行下去。他下令组成一个专门委员会,由218位擅长巴利文的高僧和32位获得僧爵的僧官组成,对收集来的佛教典籍进行审核、校对。该工作从 1788 年年底开始,持续了 5 个月才完成,共审核了佛经 354 部,装订成 3 486 卷,封面贴金,被称为"金本"或"钦定本佛经"。另外还有两个版本的佛经:一是"隆颂本",计 305 部,装订成 3 649 册;二是彤粗本,计 35 部。之后,该委员会将这些佛经分发至各寺。

在僧团的组织领导方面,拉玛一世亦进行整顿改组。他更换了吞武里王郑信任命的僧王(名澈),重新启用被郑信罢黜的僧王希长老。同时更换了部分僧团的上层领导人。为整肃僧伽纪律,1782 到 1801 年间,他一共颁布了 10 部僧律。拉玛一世作为一名佛门信徒,自己亦带头严守佛门戒律。早上起来斋僧、听佛乐,晚上诵经。天天如此,一丝不苟。

诵经的僧侣

二、拉玛二世时期(1809—1824 年)

1809 年,拉玛一世去世,拉玛二世继位。他继续执行先王的佛教政策,把清理佛门败类作为工作重点,剥夺了 2 500 名不法和尚的僧籍,同时,组织人力继续重修三藏典籍。拉玛一世时期整理编纂的钦定本佛经,卷帙浩瀚,共 354 部,装订成 3 486 卷。一些寺庙借去抄写,保管不善,弄丢了一部分。拉玛二世十分生气,下令补充修订。这次没有结集高僧,只是找人增补,重新誊写。因每册封面都是红字写就,故称"红墨水本"。另外,阿瑜陀耶戴莱洛迦纳国王主持撰写于 1482 年的佛学著作《大国皇语》也重新校订增补,恢复了许多佛教文学方面的内容。拉玛二世本身就是一位诗人,所以他特别重视佛教文学的教化作用。

僧伽教育和世俗教育皆在寺庙里进行。在拉玛五世改革之前,泰国没有学校,寺庙就是学校,识文断字的长老便是老师,学龄儿童都是学员,但限于男性,女童不得读书。由于每个男子一生之中最少必须出家一次,所以大部分学龄男童都兼具小沙弥的身份。拉玛二世之前,《佛经》的学习分为三级,一般人即使全部完成三级的学业,也还没有将应该学的巴利文《佛经》学完。因此,拉玛二世着手改革僧伽的学制,将巴利文《佛经》的学习改为 9 段,由易而难逐渐升级。学习完最初的 3 段,可获得"普连(学员)"的称号;学完第 4 段,获"普连 4 段"的称号;一直到学完 9 段,获"普连 9 段"的称号。学的时候可以分散在各个寺庙里，考试必须集中在玛哈它寺或玉佛寺里统考。考试时间不确定，由考试委员会决定。考试委员会的成员充当考官，考生必须当着三四名考官的面翻译《佛经》片段，由20—30名法师担任证人。若考生考试顺利，可以在一天之内全部通过9段考试。这个规定的目的在于鼓励学员皓首穷经，钻研学问，通过发奋读经，获取僧爵功名。

1820年泰国霍乱流行，在当时的医疗条件下，缺医少药，死人无数，人心惶惶。拉玛二世依靠佛教作为战胜瘟疫的精神支柱，令全国僧俗一同诵经，举办法会。这样做虽未必能遏制霍乱蔓延，但在客观上起到稳定人心的作用。临事不乱，稳妥应对，是逢凶化吉的良方。通过这些活动，拉玛二世还在民众中普及了佛法。佛教理念深入人心，通过潜移默化的作用，改变着人们的价值观和人生观。

拉玛二世像

佛诞纪念日作为全国法定假日也始于拉玛二世时期。本来素可泰时期就有纪念佛诞日的风俗，阿瑜陀耶王朝后期因与缅甸多次战争而使纪念活动中断。到了拉玛二世时，每年阴历6月的月圆之日，连续三天举办大规模庆祝活动，并以此作为法定假日礼佛节。礼佛节把佛的诞生、成道、涅槃三者合起来庆祝。该节日一直延续至今。

拉玛二世在位15年，一共换了3位僧王。

1814年，拉玛二世派10名僧侣组成僧团访问锡兰。当僧团走到春蓬海口，被洛坤昭孟（城主）扣押，关了11个月，才渡海去锡兰。他们在锡兰待了一年，1818年返回曼谷。这是曼谷王朝第一次派僧团出国访问，目的是与锡兰进行佛学的沟通交流。

由于拉玛二世热心推动佛法，整座曼谷沉浸于佛教的氛围中。一位当时的诗人用他的诗歌描述了佛法兴盛的境况：

曼谷城的美丽，如从天上坠下的天城；
三宝的光辉，胜过了太阳放射的光芒！
早晚的法音不断宣流，佛寺里的钟声常鸣，
塔顶在天空中相互竞争！[1]

---

[1] 演培：《泰国佛教简史》，载《东南亚佛教研究》，大乘文化出版社1978年版，第91—92页。

三、拉玛三世时期（1824—1851年）

拉玛三世时期，政权巩固，经济发展，社会安定，佛教繁荣，泰国进入曼谷王朝初期的鼎盛阶段。与社会经济文化发展相适应的是，该时期迎来了空前的大规模制作佛像的高潮。这段时间制作的佛像不仅数量多、体积大，而且质量高、价值高。制作佛像的方式也由泥塑、木刻、石雕变为以青铜浇铸为主，外面包金。另外，拉玛三世时期还用纯银做佛像，一共做了64尊，每尊耗银10泰两。

1842—1843年，拉玛三世用青铜浇铸了2尊立佛，仅佛身上的贴金，每尊就用了金箔63泰斤14铢，极其奢华。此外，他还铸了两尊特大佛像，一立一卧，以其体形硕大而著称。其中一尊是銮菩多佛立像，仿弥勒佛的形象造型，呈降魔式，高数层楼，顶天立地，气派非凡，仅佛的一个大脚拇指就比一个真人的身体还粗壮。这尊佛像被置于吞武里的越因寺中，广受华人崇拜。时至今日，每年春节，专程来拜佛的华人超过10万人。另一尊是泰国最大的卧佛，置于帕派坡寺。拉玛三世遵循小乘佛教的规矩，不拜菩萨，所以不制作菩萨像，而是全心全意地把精力放在佛像的制作上。他命人查阅检索佛教经典，将佛像常见的降魔式、参禅式、审理式、苦行式、悟道式、说法式、怀如明镜式等姿势，增加为40种，极大丰富了佛像的造型。同时，制作的佛像不再带佛头顶上的光芒，并让袈裟上保留皱褶，使佛像的外形更接近凡人。

拉玛三世时期与锡兰的佛教交往更为频繁。1840年9名锡兰僧人来曼谷访问，受到拉玛三世的接待。他们在泰国弘法两年，于1842年年底启程回国。拉玛三世派了五名僧人跟随他们一起去锡兰，借此向锡兰方面借回40部佛经。1844年锡兰来信要求泰国归还上次借去的佛经，拉玛三世派三名泰僧和一名小

拉玛三世像

銮菩多佛

沙弥乘船去还佛经,当泰僧从锡兰返回时,又有40名锡兰僧人随船来到泰国,并带了30部佛经借给泰国抄录。

拉玛三世十分重视对佛经的收集整理,有的佛经锡兰不存,他又专派孟族僧侣去孟族国家访寻,通过这条途径找回不少佛门典籍。与此同时,他还组织专门队伍抄写佛经,共计5部:《洒法水经卷一》《洒法水经卷二》《袖珍贴金本》《孟文简写本》《拉曼文简写本》。①其抄写质量、装帧讲究,皆超过历朝历代。

拉玛三世对僧伽的管理机构进行调整。把全国的僧团分为四个:中央僧团、北部僧团、南部僧团和阿兰瓦西僧团(阿兰瓦西教派是从素可泰时期就流传下来的大教派)。任命僧王一人,作为四个僧团的总领导。

拉玛三世热衷佛教,他发愿要将自己修炼成佛。他一生中修建的或赞助别人修建的寺庙超过100所。每天他都要按时斋僧,下令全国取消杀生,免除受灾地区的赋税,赈济粮食给贫民。他临去世前让王子到84所庙里斋僧,斋食折合白银11 838泰斤,受益的和尚多达7 353人。他在临终遗言中交代:"跟越南和缅甸的战争结束了,只剩下西方人,要小心,不要吃他们的亏。对他们的好东西,我们要学习,但不要盲目崇拜。现在我最牵挂的是寺庙,一些正在建设中的大庙工程,遇到阻力,如无人继续赞助,就会损坏……将来谁继承王位,请转告他,请他出钱赞助寺庙。"②

四、拉玛四世时期(1851—1868年)

拉玛三世去世后,王位传给其弟孟固,是为拉玛四世。

拉玛四世是一位虔诚的佛教徒,在继位之前,曾出家当了27年和尚,云游四海。当然他这样做,亦有逃避王位之争的意图。他法名为金刚智上座,他不仅通晓佛学三藏,而且懂得梵文、英文、罗马文。他接触西方科学,是开启泰国向西方学习的第一人。他登基为王以后,聘用英国女教师安娜为宫廷教师,培养王子,使朱拉隆功王子最终成为推动泰国行政制度改革的伟大君主。

拉玛四世在出家当和尚期间,于1829年自创佛教法宗派(亦称达摩育派),是这个门派的开山祖。法宗派的特点是持戒甚严,特别是在一些细微末节上,持戒严谨,毫不马虎。比如,法宗派的僧侣,手不沾金银宝物,托钵必须手捧,行走必须赤脚。其目的是教育僧侣不贪财,清贫廉洁,遵守礼仪,知艰识

---

① 拉曼文为高棉文之一种。
② 《拉玛三世编年史》(泰文),曼谷教师出版社佛历2505年(1962年)版,第187—188页。

苦，不图安逸。法宗派以拉玛四世驻跸多年的母旺尼寺（Bowoniwet）为大本营，与王室关系密切的僧侣都属于这个派系，但人数不多。泰国佛教最大的派系是摩诃派（大宗派）。

　　作为一名僧侣，拉玛四世信奉小乘佛教，但他不拘泥于狭隘的教派之争，而以博大的胸怀赞助大乘佛教的发展。从13世纪素可泰时期开始，泰国的大乘佛教便日趋式微。到了吞武里王朝和曼谷王朝初期，一些信奉大乘佛教的越南僧侣相继来到曼谷弘法。据考有姓名者中，吞武里时期来的僧人名叫翁强镓者（音译），很可能是华裔。另外还有的越僧是随着莫士麟来的。莫士麟河仙战败后，被郑信俘虏来曼谷，其家小及几名僧侣亦尾随而至。现今吞武里郑王故宫还保存着一口铜钟，是与吞武里王朝有关的一件佛教文物。钟高24英寸（1英寸合计2.54厘米），直径26英寸，上有中文铭曰："河仙镇三宝寺印澄和尚证明，众等善男信女，现罪灭福扬，限满往生净土。嘉隆十五岁次丙子冬月吉旦日。"曼谷王朝拉玛一世时期来的越僧名叫翁强舍。拉玛三世时期也有多名越僧来泰，当时剃度为僧的拉玛四世时常会见他们，与之为友。拉玛四世之所以能够破除门户之见，完全是为着圆融大、小二乘，消弭教派之间的矛盾分歧。拉玛四世登基以后，批准越僧在曼谷白石桥一带建庙，钦赐庙名"硕木那南波里汉"。越南的这个大乘教派一直在泰国合法传教至今。

　　拉玛四世曾以一名行脚僧的身份北上云游，当他考察素可泰遗址的时候，发现了素可泰王的御座和兰甘亨石碑，并带回曼谷，这成为打开素可泰历史之谜的钥匙。

　　拉玛四世原本无意还俗。其兄拉玛三世于1851年去世的时候，王室及民众一致恳请他还俗，继承王位，最后他只得应承。他登基以后，完成其兄拉玛三世的遗愿，继续修庙，在位期

拉玛四世着清朝官服像

赛玛——标志寺庙范围的界碑

间,共在曼谷修建了4座寺庙,翻修了2座寺庙,为30座寺庙改名。其中最大的工程是重建佛统大金塔。此塔历史久远,建于堕罗钵底国之前,是佛教传入泰国的标志。拉玛四世在原塔之外,建一新塔,将原塔包裹起来。该工程浩大,从拉玛四世时开始动工,历经拉玛五世,到拉玛六世时才竣工。

如果说佛寺佛塔是佛教的物质基础,那么佛经则是佛教的精神食粮。拉玛四世下令清查整理孟天贪图书馆的佛经,发现残缺很多,于是设法增补,使之完备,最终整理出一部完善的三藏经,封皮上用朱砂涂成红色,故被称为"套红三藏经"。

对于僧团的管理,拉玛四世增设了两个僧伽职务:一名主管弘法,封八等僧爵;一名主管僧律,封七等僧爵。就是说,由两人分管佛教的宣传事务和纪律监督。拉玛三世时期,僧王一职出现空缺。拉玛三世原任命素它寺住持悟长老为僧王,但尚未即位,拉玛三世便去世。拉玛四世改任悟长老为北部大长老,另命王室成员格龙门亲王为僧王。此项任命的意义在于,立王室成员为僧王可加强王室对僧伽的领导。黎明寺的住持被任命为南部大长老,该寺的住持为阿兰瓦西派僧团大长老。中部大长老的地位有所提高,进爵为"颂德",移住离皇宫最近的玛哈它寺,以便王室成员在那里举行剃度仪式。后来拉玛四世又增设副僧王的职务,还给许多僧侣加官进爵,使僧官制度跟世俗官吏制度一样逐渐趋于完善。

拉玛四世还颁布有关僧伽的告示,加强对僧伽的管理。他一生对僧伽共颁布了343个告示,如果加上所有的政令、政策和法规的话,则有500多项。其中,第13项告示是追查僧侣吸毒的事;第19项告示是统计僧侣中原来是金匠或其他工匠的人数。这两个告示说明,拉玛四世一方面要严肃僧侣的纪律,保证僧侣队伍的纯洁;另一方面要适度控制僧侣的人数,保护社会生产力,不让具有专门生产技能的工匠因出家而使技艺失传。

拉玛四世竭力发展与周边佛教国家的睦邻友好关系,开展佛教外交。他命人将自己用巴利文撰写的佛教著作《结界论》送至佛教中心锡兰,并力图在锡兰推广他创立的法宗派。1852年拉玛四世谕示说,前朝与锡兰有过若干次交往,从锡兰借回的佛经尚未送还人家,人家多次送礼给我们,我们也没有回报。因此他派10名官员、10名长老、7名普通僧人,乘船至锡兰,把佛经送还给锡兰。锡兰方面亦作出友善回应,派船队前来迎接他们。

1856年,缅甸派4名居士来觐见泰国僧王。他们带来缅甸佛教界亲善友好的慰问,询问泰方有多少僧侣,有多少部佛经,还需要什么经典,有什么需求,缅甸方面愿意提供帮助。这4名居士被安排住在曼谷帕猜颇寺。但当时因泰国僧王已去世两年,新僧王尚未产生,所以他们没有见到僧王。

1868年拉玛四世到原始森林里考察日蚀,感染疟疾,不幸身亡。

五、拉玛五世时期(1868—1910年)

拉玛五世于1868年即位,时年15岁,由别人代为摄政,他自己则按照泰国的风俗到寺庙里剃度出家。当了五年的小沙弥,20岁还俗。他发表了一份还俗的声明说:"我已经年满20周岁了,应该有权以一个佛教徒的身份为我们的佛教国家作贡献了。"因此,他于1873年6月24日正式还俗。拉玛五世通过还俗,逼摄政王还政,先举行还俗礼,再举行加冕礼。由此可见,年轻的拉玛五世已经善于利用宗教手段来进行政治斗争了。

拉玛五世在位期间,大张旗鼓地进行行政制度的改革。他学习西方的议会民主制度,成立由12名部长组成的内阁,废除奴隶制和各种封建人身依附关系;取消泰国传统的按军功、爵衔授田的"萨克迪纳制",改行薪俸制;重新划分全国的行政区划,地方官员由中央任命;整顿国家财政,将王室财产与国库分开;设财政部管理国家财政,取消"包税制",由政府直接征税;实行新的军事制度,聘请外国教官训练士官,创办新式军校,实行义务兵役制;引进西方的法治观念,制定法律,健全司法机构;实施新政,修铁路,办邮政,发展交通和通信事业;在教育方面,改革以寺院为中心的传统教育制度,推行西方式教育,派王室成员去西方留学。

与世俗行政改革相适应,拉玛五世在宗教方面也采取了一系列的改革措施。他十分重视佛教教育的发展,1885年,拉玛五世专门下达谕令,让寺庙按照过去的传统继续办学。那时,除了在王宫里请西方教员为王室子弟教授西方科学外,坊间西方式的学校尚未普及。因此,拉玛五世要求每座寺庙,无论是王寺或是普通寺庙,至少要配备5名有文化的僧侣当教员。如果

拉玛五世像

拉玛五世剃度像

朱拉隆功大学

僧侣不够，也可以请普通人当教员，但要付给工资。会考每隔6个月举行一次，考试优异者，教师和学生都能获奖。拉玛五世还破天荒地在泰国开办起佛教大学：1889年在玛哈它寺创办玛哈它学院，1896年改名为玛哈朱拉隆功佛学院；1893年在波瓦洛尼寺办玛哈孟固佛学院。他希望这两所佛学院办成像西方神学院一样具有大学的水平。但在他的有生之年并没有实现这个愿望。直到1946年，玛哈孟固佛学院才开始教授大学的课程，而玛哈朱拉隆功佛学院正式成为大学是在1947年。泰国在开办佛学院的同时，世俗教育亦有很大发展。1916年拉玛五世把玫瑰园军官学校改为朱拉隆功大学，这是泰国的第一所世俗大学，作为泰国最高学府一直办到今天，在世界著名大学排行榜上名列前茅。

拉玛五世关注佛教内部的民族矛盾问题。泰国在历史上一度处于孟族的统治之下，13世纪泰族获得独立后，民族矛盾并没有得到根本解决。泰国佛教界里孟族和尚不少，处理不当亦会转化为民族矛盾。素可泰王朝建立以后，泰族取得统治地位，为解决民族纷争，树立统一的国家意识，历代统治者都实行民族同化政策。拉玛五世特别注意让孟族和尚与泰族和尚同化，使他们在对教义的理解和诠释、宗教仪式和服饰方面趋于一致，只剩下念经的口音和声调略有不同。这样做避免了僧团内部出现大的矛盾和分歧。

在大乘与小乘的教派关系上，拉玛五世竭力圆融，化解佛教的部派斗争。信奉大乘教派的僧人主要是来自越南的越僧和来自中国的华僧，泰僧基本上信奉小乘。据可信的历史资料，越僧从吞武里时期就开始来到泰国，华僧则是拉玛五世时期才到泰国的。1767—1782年，正值泰国吞武里王朝时期，由华裔郑信统治。其时，越南发生西山农民起义，越南王室裔孙逃亡至泰国避难，其中有越南僧人尾随而来，并获郑信允许划地而居。为了便于进行宗教活动,越南僧人盖了两座寺庙:其一曰甘露寺,在现今万望交通警局后面,泰名"蒂哇里威限寺";另一座原名蚬康佛寺,位于三皇府邬拿干路。当曼谷进行城建开辟抛夫叻路的时候,此寺正好在被规划改造的马路线内,拉玛五世遂赐地耀华力路附近予以重建,即现今的敕赐会庆寺。会庆寺虽是越南僧人所建,但外观基本遵循华人寺庙的式样,一则因为越南佛教受中国佛教影响深远,二则所谓的越僧多是华裔。后来会庆寺的越僧住持后继无人,全被泰僧居住,故寺中布置逐渐泰化。

另一拨来泰的越僧来自越南的河仙镇,现存于吞武里郑王故宫中的一口铜钟就是最有说服力的物证。笔者曾目睹和拍照,并给泰方管理人员讲解。钟高24英寸,直径26英寸,上有中文铭曰:"河仙镇三宝寺印澄和尚证明,众等善男信女,现罪灭福扬,限满往生净土。嘉隆十五岁次丙子冬月吉旦日。"这是一口越南钟,因为古代越南文字一直借用汉字,后改造为字喃,即南方之字,近代才变为拼音。泰方管理人员误认为它是中国钟,其实钟铭写得很清楚,这是河仙镇的印澄和尚铸来超度众生的。河仙在今越南南部濒海,又名港口,泰名菩泰玛,17世纪以前属柬埔寨古国真腊的势力范围,系未经开发的荆棘蛮荒之地。1671年,中国雷州人莫玖因不对清朝入主中原不满,率族人来到这里,胼手胝足,披荆斩棘,将这里开发为海滨城市,并建立起一个称为本底国的华侨政权。1735年莫玖逝世,其子莫天赐(字士麟)继位,本底国进入鼎盛时期。虽然本底国名义上依附于安南阮氏,莫天赐受封为河仙镇总督,实际上"天赐乃分置衙属,练军队,起城堡,广街市","开铸钱局,以通贸易",①俨然一独立小邦。1767年泰国阿瑜陀耶王朝被缅甸灭亡,王孙昭萃、昭世昌亡命河仙,莫天赐遂萌生了立昭萃为王,逐鹿泰国的野心。1771年泰国吞武里王郑信率领大军征讨河仙,莫天赐败走朱笃道,昭萃被俘处死,郑信派华裔部将陈联镇守河仙。这时越南爆发西山农民起义,很快摧毁南、北方的阮氏、郑氏政权,莫天赐保护越南定王弟尊室(王子)春流亡富国岛,打算南渡爪哇。郑信派四艘海船来迎,莫天赐一行遂

郑王故宫藏铜钟

---

① 张登桂:《大南列传》前编卷六《莫天赐传》。

曼谷龙莲寺

投奔泰国。印澄和尚大概就是这段时期随船来到吞武里的。1780年郑信截获一封阮福映从安南写给莫天赐的密信，内有"若东山战船到时，宜里应外合"①之语，遂将莫天赐逮捕。此后，阮福映在法国的帮助下镇压了西山起义，重新恢复阮氏王朝，并将河仙纳入版图。

现存的可靠资料证明，第一位到泰国弘法的华僧名叫续行，出生于中国广东，生年不详。少年时出家受戒，精研佛法，普度众生，属大乘禅宗。因仰慕著名佛邦暹罗，他于清同治元年（1862年）只身南渡，将中国的大乘禅宗，传播到以小乘佛教为主的暹罗，得到拉玛五世的赞赏和礼敬。后续行禅师发下宏愿，修建一座中式寺庙。历时8年，终大功告成。拉玛五世封续行禅师为华宗大法师，相当于华僧的僧王。

但是，泰国社会长期以来形成小乘佛教一派独尊的局面，大乘教派难免受到一些歧视，未能获得与小乘教派完全相同的待遇。越僧和华僧跟世俗的越南和中国的侨民一样，隶属左局，不享受泰国僧人的特权。按照曼谷王朝一一三年（1895年）颁布的法令中的第14条规定："如果需要僧人出庭当证人，不许传僧人到法庭，而必须去寺庙取证，也不能要求僧人先发誓保证所提供的证词属实。如果僧人不愿提供证词，法庭亦不能强迫。"这一特权仅仅适用于泰国僧人，不包括越僧和华僧。拉玛五世着手改变这种不合理的情况。他认为大乘派的僧侣亦值得重视，下令授予他们僧爵。他任命越僧阿难派的首领为法师，接下来的爵位是协理、助理；任命华僧禅宗续行禅师为大法师，接下来的爵位是助理大法师。其管辖权也由左局移到司法部。但他们尚未完全享受与泰僧一样的特权。他们还需出庭做证，像普通人一样宣誓。到拉玛六世时期，越僧和华僧

---

① 《河仙镇叶镇莫氏家谱》，载李文雄《越南文献》，1972年越南版。

才被移交宗教部管理,其僧爵也才跟泰僧一样设住持、宗长等。

在对僧团的管理方面,拉玛五世一如先王,将全国僧侣分为四个僧团,由僧王统管:

北方僧团。设大宗长,有时由僧王兼任,还设左副宗长和右副宗长作为辅佐,领导内务部管辖的所有省、市的各个寺庙。

南方僧团。设大宗长、副大宗长,领导属国防部和海关总局管辖的南部沿海和边境城市的所有寺庙。

中部僧团。设大宗长、副大宗长。按规定,应领导曼谷和北榄府的所有寺庙,但现实情况并非如此,有的寺庙被分给北部僧团管辖,有的寺庙被分给南部僧团管辖,十分复杂。实际上,中部僧团管辖的仅仅是曼谷和北榄地区的不属其他僧团管辖的寺庙。

法宗派僧团。那时尚无大宗长,只设副宗长,管辖南方各城和京城所有信奉法宗派的寺庙。这个僧团的领导人皆是地方势力的头人,属于封建社会的"昭孟"(城主)阶层,具有特殊地位。

上述大宗长,除了法宗派僧团的大宗长外,都不掌握实权,而是由他们的助理管事。

隶属四大僧团之下的各城市僧团,由法师领导。某些大城市还管辖若干小城,该城法师的爵位要比一般法师高。这样的城市如彭世洛城、占他武里城等,被管辖的小城如披集、达叻等。

拉玛五世增设了许多过去没有的僧爵等级,使僧爵制度和世俗官僚制度一样配套和完善。僧伽首领和世俗官僚成为协助国王统治国家的左右手。他还规定,僧伽首领和世俗官僚不能相互干预内部事务,僧团的事务由僧团内部处理,世俗政权不得干涉。特别是他还规定了僧团拥有处理寺产和田租收益的权利,以确保僧团有独立的经济来源。

拉玛五世热衷修建佛寺,因为佛教徒都把布施修佛寺视为善行之首。按照泰国的惯例,每位国王即位都要为本朝修建一座王寺。拉玛一世的王寺是帕采坡寺,拉玛二世的王寺是黎明寺(亦为纪念郑信的王寺),拉玛三世的王寺是拉查沃洛寺,拉玛四世的王寺是拉查布拉滴寺。拉玛五世即位后,修建了拉查波比托寺作为王寺。另外,他还为其爱妃贴西里修建了贴西里蓝瓦寺。1899年修建的云石寺最为壮观,西方人称其为 Marbie Temple,其全部建筑材料皆是采用从意大利进口的大理石。云石寺将西式建筑风格与泰式建筑风格融为一体,是一座享有盛誉的名刹。该寺供奉的大佛像仿照彭世洛府玛哈它寺的佛像重铸。拉玛五世原打算将玛哈它寺的佛像搬来云石寺,但考虑到这尊大佛是北方的国宝,怕北方人不同意,故改为仿造。

六、拉玛六世时期(1910—1925年)

拉玛六世还是王子的时候,年仅14岁,就被父王送去英国留学,所以没能像其他王子那样举行剃度仪式,到寺里出家一段时间,只是举办了一个皈依佛教的仪式,表示他已经皈依佛、法、僧三宝。这种皈依佛教的仪式后来被一般学生采用,以免去到寺庙里居住一段时间。这个代替剃度仪式的办法为拉玛六世首用,迄今仍然被广泛使用。

拉玛六世留洋归来,受西方文化的熏陶,但不妨碍他成为泰国佛教界的领袖。他将全国的僧团分为中部、北部和南部三部分,废除了法宗派僧团作为单独僧团的规定。中部僧团包括曼谷僧团、吞武里僧团、那空猜是僧团、叻丕僧团、尖竹汶僧团;北部僧团包括那空萨旺僧团、彭世洛僧团、柯叻僧团、乌太它尼僧团、黎逸僧团、乌隆僧团;南部僧团包括素叻它尼僧团、洛坤僧团、北大年僧团、普吉僧团。僧团组织基本上按照各府的行政区划来划分,使得世俗的府治与僧伽的管理配套成龙。正如各府的行政首领府尹可以互调一样,各部僧团的大宗长亦可以互调。各部大宗长的职责是领导其辖下各府的宗教事务,并配备相关的辅佐人员协助他工作。曼谷地区的大宗长地位相当于各府的大宗长。各部大宗长统归僧王领导。中央给各个级别的大宗长发放交通车马费作为津贴,开启了政府向僧官发放职务津贴的先例。

拉玛六世没有新建寺庙,因为维修旧庙的任务已经相当繁重,每年需要巨额财政开支。他把主要精力放在僧伽的学制改革上。

自曼谷王朝建立以来,小沙弥的巴利文考试,主要采取现场翻译佛经给考官听,由考官当场决定考试是否合格的方式。1912年考试方法改为,参加巴利文第1—2段考试的考生用笔试,第3—9段考试仍用老办法口试;到1916年进一步修改为,无论哪一段的考试统统都用笔试。过去,巴利文的考试没有确定日期,由考试委员会临时宣布。1913年规定每年考试一次;1948年改为每年考试两次,因考生太多,一次考不完,故分为两次。从1921年起,

拉玛六世像

正式开启佛学博士的考试。巴利文的考试规定，参加第7、8、9段考试的考生，必须先通过佛学博士考试，才有资格参加巴利文的考试。而且只有巴利文的考试通过后，才能获得佛学博士的称号和证书。以前规定同一考生在同一年内可以多次参加巴利文的考试或佛学学位的考试，可以一次连续通过不同段位的考试。例如，有的人一年之内就通过学士、硕士连考。不过这种精英毕竟是少数，多数人做不到，如果大家都好高骛远，在学识不够的情况下，抱着碰运气的心态来参加连考的话，便会给考试委员会增加负担，因此，从1915年起规定，禁止同时考两门或两级。过去，巴利文的考试主要是翻译贝叶经，而贝叶经多数是用孟文书写的，故考生必须懂孟文。为了突显泰文的重要，拉玛六世规定笔试一律使用泰文。

拉玛六世之所以热衷改革僧伽考试制度，目的是使年轻的僧伽也和世俗的学子一样，能够通过考试改变自己的命运和前途，获得晋升的机会，特别是让那些出身寒门，没有家庭背景和靠山的年轻人，也能够通过刻苦学习，利用公平竞争的机会，实现其人生价值。

对于犯罪僧侣的惩罚，按照以往的规定，假如僧侣触犯刑法，法庭判其有罪，而僧侣又不肯认罪者，司法部就必须将案情上报国王，由国王判决。这给国王增加许多麻烦。拉玛六世改为由司法部将僧侣犯罪情节上报僧团委员会主席，获得主席认可便可依法执行。若是犯罪的僧侣有僧爵，就要像世俗官员一样逐级上报，获最高领导同意，法庭才能执行。这些规定，无疑是有意让僧侣享受一些俗人不能享受的特权。

关于沙弥应征入伍的规定，按照1905年的征兵条例，凡是身体健康的成年男子，都要应征入伍，唯有沙弥可以豁免，但可以免服兵役的沙弥仅限于"了解佛法的沙弥"。对此，僧团曾召开专门会议，讨论什么才是"了解佛法的沙弥"。会议决定，根据各地的情况来界定，在曼谷，指懂巴利文的沙弥，但需考试委员会认定。后考试委员会觉得这个标准太高，改为对佛法具有一般的写、读和解释能力。但这些标准都不够具体，具有很大的伸缩性，最后发展为通过佛学学位的考试来测定。取得佛学学位，便是"了解佛法的沙弥"，可以免除兵役。

七、拉玛七世时期（1925—1935年）

拉玛七世时期佛教界出现一件引起全社会关注的事。一位名叫乃那玲的和尚自己剃度他的女儿为尼姑，遭到僧王的反对。僧王发出布告说："按

拉玛七世像

泰国诗圣顺吞蒲

正确的途径,女人想要剃度为比丘尼,必须由出家满12年的比丘尼来剃度,不准由男性的比丘来担任剃度法师。……谁要这样做,就是违反教规。从现在起(1928)禁止比丘剃度女人为比丘尼或女沙弥。"而泰国当时已经多年不见比丘尼了。由于这个布告的颁布,泰国至今几乎没有经过正式剃度的比丘尼,女性出家人统统被称为"迈持"(Maiji),不算比丘尼或尼姑。这是泰国与其他佛教国家的一大区别。

曼谷王家子女寺(拉查窝罗寺)是最有名的女性出家人修持的场所,系拉玛二世为其公主所建。寺中有数十尊"迈持"跪坐修持的塑像,再现了众多女性佛教徒的修持生活。该寺之所以有名,是因为相传泰国诗圣顺吞蒲曾在此寺出家。

早在1903年,泰国颁布过一部《僧伽条例》,对佛教某些宗派给予特殊的优惠待遇。1932年政变(亦称"1932年革命")以后,泰国实行君主立宪制,有了宪法,宪法规定人人享有平等权利。1903年的《僧伽条例》被视为专制制度的产物,必须加以改革。那些没有享受特权的僧侣,包括大乘教派在内的各寺寺僧结成团伙,组织起来跟小乘教派的僧团领导抗争。在这种情况下,拉玛七世颁布《禁止比丘结社集会》的布告。然而,要求自由平等的趋势是谁也无法阻挡的,1934年1月11日,数百名改革派僧侣举行集会,要求公正地重新起草《僧伽条例》,并将修改后的《僧伽条例》提交议会。这场斗争持续了7年。直到1941年,新的《僧伽条例》才被启用。这场在教派之争掩盖下的较量,最终以被压制者获胜告终,它实际反映出经过1932年革命,平等自由的思想已渗入佛教界。

拉玛七世对佛教的贡献，突出地表现在印刷暹罗版的三藏佛经上。1925年拉玛七世登基伊始，就打算重新印刷出版拉玛五世版的三藏佛经。因拉玛五世版的三藏佛经只印了35册，剩下的没有印，影响面不大。拉玛七世敦请身为佛经整理委员会主席的僧王，继续抓紧完成此事。在政府方面，他任命尖竹汶府的昭披耶担任筹款委员会主席，向官吏和民众筹款。筹款的结果超出预想，比预计的多得多，共得6万铢，其中拉玛七世本人就捐赠了2万铢。为了赶在拉玛六世的葬礼上散发新版佛经，他们先只印了一册《三藏》和一册《法藏》，事后才陆续完成整套45册。这套佛经印刷精美，装帧考究，内容详尽，空前完美，被称为暹罗版三藏佛经。除了在泰国国内流传外，它还被分赠世界各国图书馆和大学，为泰国赢得声誉。

1925—1934年，泰国僧团与斯里兰卡僧团之间的来往交流频繁。斯里兰卡经常派僧侣来泰国要钱、要佛经，泰国方面尽量满足其需求。1929年，斯里兰卡柏朵寺住持致信拉玛七世，要求指派10名泰国大众派僧人去斯里兰卡担任戒师。此信由3名斯里兰卡僧人和1名居士送来。他们受到泰国宗教部部长的接待。不过国王不能接见他们，他们须去跟大众派的大宗长商量。此事报告到僧王那里，僧王命大众派拒绝接待。其主要原因是宗派问题，泰国和斯里兰卡都有两大宗派——大众派和法宗派，彼此关系复杂，不是很团结。派系矛盾使此次交流受阻。

拉玛七世重视佛教教育，为了落实拉玛五世提出的在学校里开设佛学课程的指示，拉玛七世命宗教部正式发文规定：学校必须增设宗教课，培养学生对宗教的信仰热忱，让他们像先辈一样信仰佛教。接着，学位委员会组织人力编撰佛学教材，系统地向青年灌输佛教知识，并评选优秀的佛学教材，呈送国王御览，由国王评定第一、第二名，给予奖励。第一次评奖是在1929年的佛诞节，普皮买女亲王编写的佛学教材获奖。

由于受第一次世界大战的影响，泰国经济衰退，民众失业，国家预算削减，许多建设项目被迫停止。所以，拉玛七世时期基本上没有新建寺庙，只是在庆祝曼谷建都150周年的时候，对一些寺庙进行了修缮。

拉玛七世时期泰国发生的一个重大的政治事件就是1932年政变。这是一场由留学欧洲的少壮派军人领导的资产阶级革命，目的是推翻泰国的封建君主专制，实现君主立宪制。6月24日，民党军人发动武装政变成功，事隔两日便收到拉玛七世的电报，表示愿意结束专制统治，实行君主立宪制，并在民党起草的《临时宪法》上签字。由此，国家政治统治结构发生重大改变，行

政区划也有改变,撤销了一些府,因此有必要根据新的世俗行政区划来重新划分各僧团的管辖范围:

中部僧团。管辖曼谷、阿瑜陀耶、拉查武里、碧武里。

北部僧团。管辖彭世洛、西北地区、那空拉查是吗(柯叻)、乌吞它尼。

南部僧团。管辖洛坤、普吉。

法宗派僧团。这是一个特殊的派别,没有所辖的府。该派僧侣可在任何一府居住,但不属当地僧团管辖,而是直属法宗派的领导。

佛教界的这些改革措施,原是为了配合1932年革命引发的社会变动。然而,由于当时的社会矛盾深化,反对专制统治、争取民主自由的浪潮成为社会思潮的主流,也激发了广大僧侣要求平等权利的意识。对佛教界长期以来存在着的待遇不公现象,广大僧侣表示强烈不满。特别是1934年又重新任命了大宗长。当时规定:法宗派的大宗长由僧王担任,副大宗长由母忘尼寺的长老担任;中部僧团的大宗长也是由僧王担任;北部僧团的大宗长由贴西灵寺的长老担任;南部僧团的大宗长由素它那贴瓦拉蓝寺的长老担任。这种人事安排,明显维护了法宗派的特权。因为法宗派是由拉玛四世创建的,人数虽少,但跟王室关系密切,控制了四个僧团中的三个大宗长的位置,而人数最多的大众派,只拿到一个大宗长的位置。这种情况引发了佛教改革运动。

宗教改革团是由大众派僧侣组织的一个改革团体,目的是推翻1903年颁布的《僧伽条例》,用新法规取代,以保障大众派与法宗派之间的平等地位。在宗教改革团的努力下,借1932年革命力量的推动,大长老会议讨论和撰写了1941年版的新《僧伽条例》。新版《僧伽条例》比1932年旧版有了很大进步,听取了各方面的意见,借鉴了其他国家的经验,内容比较开放民主。这算是宗教改革取得的一项成就。遗憾的是,1941年版的《僧伽条例》并没有被认真执行,后来被1962年版的《僧伽条例》取代。

以少壮派军人为代表的革命党人,在政变成功以后产生了思想分化,保皇党乘机反扑。拉玛七世在复辟和叛乱事件中扮演了幕后支持者的角色,复辟失败后逃亡英国,1935年3月2日在英国发表逊位声明。根据王位继承法,拉玛七世无后,其在瑞士念书的侄子阿南塔·玛希敦继承王位,是为拉玛八世。

八、拉玛八世时期(1935—1946年)

拉玛八世阿南塔·玛希敦在位时间并不长,但他在位时期却是泰国历史上的多事之秋。

首先,1932年的政变带来了泰国政治体制的变革,泰国由封建专制变为君主立宪制,实行西方式的三权分立和议会民主。由于旧的专制主义制度不甘愿自动退出历史舞台,新的民主制度一时难以趋于成熟完善,所以新、旧之间的矛盾斗争十分激烈。反映在宗教界,围绕着《僧伽条例》的修订,各派僧人争吵不休。在僧团统治阶层内部,存在许多独断专行的不民主现象,特别是人数较少的法宗派因与王室关系密切,凌驾于人数较多的大众派之上,享有比大众派多得多的特权,使大众派一直心怀不满。世俗政治统治制度发生了民主变革,佛教界自然也会发出要求民主的呼声。因此,政府不得不做出一些寻求公正的姿态,努力消弭宗教派系之争,促进僧团和谐。

拉玛八世像

1941年7月6日,泰国总理披耶帕凤按传统风俗举行剃度仪式,为了表示对各派僧侣一视同仁,在应邀出席仪式的50名僧侣中,大众派34人,法宗派15人,孟族僧侣1人。仪式由僧王主持,政府充当主人,披耶帕凤出家3个月零24天。

1942年披汶·宋堪当总理时,专门在挽卿县修葺玛哈它寺,让大众派和法宗派各派24名僧侣常住该寺,以表示对两派僧侣平等相待。但是,过了不久,玛哈它寺又被法宗派的僧侣控制,因为法宗派依仗自身的优势,在宗派斗争中总是居于上风。政府还派玛哈它寺的僧侣作为使节,出访印度,与印度佛教界建立联系,据此提高玛哈它寺僧侣的政治地位。这次出访获得成功,僧侣使节从印度带回舍利、泥土和菩提树,均置于玛哈它寺。

政府力图按照管理世俗国家政权的模式来管理僧团,僧官分为不同的爵位,从僧官的最高领导依次排列下来至普通僧侣,每位僧侣都分置于不同的爵位等级。僧侣的权力机构也和世俗机构一样,分为立法、行政和司法三部分,实行三权分立。设僧侣议会、僧侣行政委员会和僧侣纪律委员会,各尽其责。僧侣议会负责立法,僧侣行政委员会负责行政,僧侣纪律委员会负责司法。与世俗机构不同的是,僧侣议会的成员不得超过45人,是由任命而不是由选举产生。僧侣行政委员会的成员不得超过9人。

如果说,按照管理世俗国家政权的模式来管理僧团之目的是推动泰国佛教政治化的进程的话,那么把巴利文的佛经翻译成泰文则是为了进一步推进佛教本土化的进程。1940年僧王发表谕示说,佛经是佛祖的教导,但大多数泰国人没有机会阅读,因为佛经是巴利文本,必须译成泰文。政府方面立即表示同意僧王的谕示并愿意配合,成立了翻译委员会,分为两组:一组将巴利文意译为泰文,称为泰文本;一组逐字逐句直译,写在贝叶上,称为皇家本。泰文本译经分为律藏13卷,僧藏42卷,法藏25卷,共计80卷,恰好与佛祖在世的年岁相符合。翻译过程分三个步骤:翻译、校对和润色。因披汶·宋堪总理要求赶在庆祝佛诞2500周年前出版,所以泰文版佛经只印了2500套。

为了普及佛教知识,泰国从1930年起规定,在家居士可以参加佛学硕士学位考试,1935年改为可以参加佛学博士学位考试。至于僧、俗学位的对应,泰国从1944年起作了明确规定:巴利文和佛学的第9段学位,相当于一等文官的第3级;巴利文和佛学的第6、7、8段学位,相当于完成高等教育,并具备被挑选为巴利文教师或法师的资格;巴利文和佛学的第5段学位,相当于高中毕业,还可以参加三等文官的1—3级考试;巴利文和佛学的一般学员,相当于高小水平。

泰国教育部1944年颁布了获得佛学学位的人可以应聘为世俗学校教师的规定:获得第3段以上佛学学位的法师或佛学研究者,可以应聘公立或私立小学的政治、艺术和泰文课的教员;获得第3段以上巴利文和佛学学位的人,可以应聘公立或私立中学政治、艺术和泰文课的教员。

这种僧、俗学位的对等规定,之后又有多次修改变更,其根本目的是给僧侣另辟一条出路,使他们不必终身服务于佛教界,有些人可以还俗去服务于社会。据统计,1926—1954年完成第9段佛学学位的人共有77人,其中69人还俗就业,其余继续当僧人。

除了僧、俗学位的对等规定外,政府又特别给予获得佛学学位的人一些特权。1936年教育部致函内政部,允许获得6段以上佛学学位的人担任报纸编辑。1939年内政部规定,获得第3段以上佛学学位的人有权被选为市议员。

拉玛八世在位12年(亲政半年),经历了1932年泰国政变带来的社会动乱和第二次世界大战,其中 1941—1945 年日本派兵直接占领泰国,并将泰国銮披汶政府捆绑在日本法西斯的战车上。1945 年 8 月 15 日,日本宣布无条件投降。紧接着 8 月 16 日拉玛八世的摄政比里·帕侬荣以国王的名义发表《和平宣言》,声明銮披汶政府在 1942 年 1 月 25 日对美英宣战的行动是违反泰国宪法和人民意愿的,因而是无效的。8 月 20 日,美国国务卿宣布承认泰国的《和平宣言》,泰国因此没有被列为战败国。1945 年 12 月 5 日拉玛八世阿南塔·玛希敦从瑞士回国,在君主立宪制的政体下执政,比里·帕侬荣辞去摄政主席职务。拉玛八世亲政仅半年,1946 年 6 月 9 日被发现在宫中中弹身亡。是自杀?是谋杀?原因不详。事发突然,其弟普密蓬·阿杜德(Bhumipol Atulyadei)继承王位,是为拉玛九世。

九、拉玛九世时期(1946—2016 年)

拉玛九世普密蓬·阿杜德是拉玛五世朱拉隆功的孙子,拉玛七世的侄子,拉玛八世阿南塔·玛希敦的胞弟。普密蓬·阿杜德 1927 年 12 月 5 日出生于美国马萨诸塞州,青少年时期在瑞士接受教育。他的母亲诗纳卡琳是一位华裔。他被取名为普密蓬·阿杜德,在泰文里的意思是"无与伦比的能力"。日后的事实说明,他真正做到了"名副其实"。他在位 70 年,是当时世界历史上在位最久的国王。他深得泰国人民的爱戴,被誉为泰国历史上仅有的五位大帝之一。

1946 年普密蓬·阿杜德应历史的召唤受命为王,年仅 17 岁。他没有立即亲政,而是到瑞士继续学习。他放弃了原先所学的工程专业,选修社会学、政治学和法律,为将来治理国家做准备。1951 年普密蓬·阿杜德从欧洲留学归来,正式即位。他在即位诏书中宣誓:"为了暹罗民众的幸福,我将以公正的原则来治理国家。"

根据泰国宪法规定,国王是泰王国的国家元首、武装力量的最高统帅和宗教的最高护卫者。所以,拉玛九世作为国家和宗教的最高领袖,十分重视宗教事务,并以其自身的德行,为所有的泰国佛教徒作出表率。

1956 年 2 月 12 日,拉玛九世召见披汶·宋堪总

拉玛九世像

理，表明他准备剃度出家的意愿，得到总理支持，并成立了一个专门委员会，按照泰国传统礼仪举办国王剃度仪式。拉玛九世发表告示说："佛教是我们的国教，受到举国上下的欢迎。按照我个人的理解，佛教的教诲是很有道理的。如果条件允许，我将潜心于佛学研究一段时间，这是一条提高个人修养以造福国家的有效途径。"10月22日14时，拉玛九世在曼谷拉辣萨达蓝寺剃度，由僧王担任戒师，法号"普密罗"。他在寺庙里修持了15天后还俗。

拉玛九世的短期剃度，无非是向民众宣布国王正式取得了佛教徒和佛教护法的身份。

拉玛九世时期佛学教育进入了现代化进程。拉玛五世创立的两所佛学院——玛哈孟固佛学院和玛哈朱拉隆功佛学院一直正常运行。玛哈孟固佛学院从1946年起开始招收佛学学士，学制7年，分为预科3年，本科4年。本科课程分公共课和专业课，公共课上课时间2年，必须修完宗教、语言、哲学、心理学、社会学等6门课程；专业课上课时间2年，学员根据自己的需要选修7门课程，包括已开课程宗教、哲学、心理学、社会学等。玛哈朱拉隆功佛学院亦按大学的规格办学，1947年开始招生，学制8年，其中培训2年，预科2年，本科4年。本科共设4个学院：佛学院、师范学院、人文学院、社会学院。另外还有1个专科，佛学师范专科，属大专水平，后来取消。玛哈朱拉隆功佛学院1947年后称为玛哈朱拉隆功大学，得到世界许多国家的承认，美国教育部要来了50套教材，分发给美国各大学。

1951年，拉玛九世颁布了《宗教教育机构办学条例》，把现代化的世俗教育方式引入宗教教育。在佛教学校中，除了宗教课程外，还开设英语、泰语、自然地理、社会学和生理卫生等普通课程，与世俗学校一样设立学士、硕士、博士学位。教育部承认佛教学校的学历。

为了向在职人员普及佛学知识，从1958年起玛哈朱拉隆功大学开办了星期日佛教学校，让在职员工利用星期日参加学习。最初学校只有男女学员7名，后来发展到上千人。随着时间的推移，寺院也办起这类学校，因为无须财政预算，和尚当教员，不用发工资。这对于协助普及佛学知识发挥了一定的作用。

除了在泰国大力普及和推广佛学知识外，拉玛九世还有计划有步骤地向西方传播佛法。从1951年起就有许多西方人来到曼谷玛哈它寺学习，并用泰文诵经。1956年一位加拿大人取得硕士学位后，来到玛哈它寺学习参禅，法名阿难它菩提,他学了两年,之后到英国伦敦开课授徒。不多时日,门徒盈门,他一人应接不暇,写信到泰国,请绰脱法师到英国帮他讲学。绰脱法师犹豫不决,他又通过泰僧王发出邀请,但绰脱法师仍不肯贸然前往,大概是担心语言方面的困难。最后还是通过政府途径,由泰国政府出面让绰脱法师、韦集法师、外压哇扎果法师组成僧团,出访英国。他们担负着三项任务:在欧洲传播佛教,关怀在英国的泰国侨民,在英国建佛寺。1966年8月1日,泰国僧人在英国建立起第一座佛寺,拉玛九世将其命名为巴提佛寺。此后,到欧洲传教的泰国僧侣日渐增多。

在德国政府的资助下,泰国布那大师于1975—1976年赴德国传教一年。

20世纪80年代,美国也出现了泰国寺庙,10多名玛哈朱拉隆功大学毕业的法师在美国弘法。如今,在美国各地,凡是泰国人聚居的社区,大多可以看见泰式寺庙。在洛杉矶的水门地区,离好莱坞影剧院和星光大道不远,就有一座金碧辉煌的泰国寺庙:人字般倾斜的大屋顶,构成45度以上的夹角,层层重叠,飞檐翘角。它以其独特的艺术样式,老远便抓住人们的视线。

接受外国留学僧是对外弘法的一条重要途径,请进来和派出去同样重要。玛哈朱拉隆功大学公开接受外国留学僧来该校学习。1973年该校共有一百多名外国留学僧,其中来自老挝的81名,来自马来西亚的14名,来自柬埔寨的10名,来自缅甸的8名,来自孟加拉的5名,来自中国的3名。这些留学僧多数获得朱拉隆功大学的奖学金。后由于国际政治形势的变化,外国留学僧逐渐减少。1980年老挝留学僧只剩下3名,但孟加拉的留学僧人数增加,尼泊尔也有留学僧来。总之,外国留学僧的人数虽然不多,但留学僧来校一直没有间断。

从1954年起,玛哈朱拉隆功大学开始派出留学僧去外国留学,主要是去印度、缅甸、斯里兰卡、日本等尊崇佛教的国家。1957年以后,泰国派出的留学僧日渐增多。还有一些玛哈朱拉隆功大学毕业的僧人,被任命为僧侣使节,出访英、美、德、印度和印度尼西亚等国。

拉玛九世曾经举办过世界佛教史上的两大盛会:一是1957年举办的释尊涅槃2500年纪念大

外国留学僧

会,邀请了世界各国佛教徒参加;另一是1994年专机恭迎中国陕西法门寺珍藏的佛指舍利至佛统佛教城,供善男信女参拜。这两次活动,皆在国际佛教界留下深远影响。

拉玛九世竭力化解由来已久的宗教派别之争。他对泰国小乘佛教内部的大众派和法宗派一视同仁,给予同等待遇,尽量照顾彼此之间的利益。对于大乘佛教和小乘佛教之间的差异,拉玛九世曾经说:"华人信仰的大乘佛教与泰人信仰的小乘佛教虽然有些微区别,但在根本教义上是一致的。华僧穿袈裟,是因为北方气候冷。泰僧披坦右肩,是因为气候炎热。"所以,泰国的大、小乘佛教之间矛盾并不尖锐,相处较为融洽。

泰国大乘佛教的僧侣主要是华僧和越僧,而许多越僧也是华裔,最早的祖师爷是吞武里王朝和曼谷王朝初期来到泰国弘法的僧人。后来的大乘教派僧侣基本是在泰国土生土长的侨民。华人的宗教信仰和当地泰人基本一致,这也是泰国社会欢迎和容纳华人移民的一个重要原因。随着华人移民的日益增多和华人社会的形成,除了大乘禅宗在泰国广泛传播外,中国的道教和民间宗教信仰也相继传入泰国,成为华人移民的精神支柱。于是,按照中国传统式样建成的佛寺、道观和各种神庙如雨后春笋般在泰国涌现。它不仅表示华人移民要把过去在家乡的那一套宗教信仰和生活方式原封不动地搬到新的国土,同时也表示华人移民要在这里扎下根来,成家立业,安身立命。

根据泰国宗教厅庙产监督专员张昭荣1996年的统计,京吞两府(曼谷及河对岸的吞武里)计有中式寺庙129座。笔者选择其中24座进行过实地考察,拍摄照片、抄写资料、口头采访,花了一年多时间。之后又利用出差和旅游的机会,到曼谷以外的乌隆府、素叻它尼府、洛坤府、北大年府、北榄府、阿瑜陀耶府、那空沙旺府、甘烹碧府、猜纳府、素攀府、北柳府等地考察了36座中式寺庙,加起来共60座,撰写成《泰国的中式寺庙》一书出版。书中对每座寺庙的地理位置、所祀神祇、所属教派、建筑结构、建筑年代、平面布置、金石木刻、历史沿革等进行系统整理,得出四个结论:中式寺庙反映了泰国华人的宗教信仰,是泰国华人的精神支柱;中式寺庙是泰国华人举行各种活动的公众场合;中式寺庙是泰国华人进行社交活动的纽带;中式寺庙是泰国华人济贫救灾的慈善机构。[1]

从泰国众多的中式寺庙亦可看出曼谷王朝和拉玛九世所一贯倡导的宗

---

[1] 段立生:《泰国的中式寺庙》,泰国华侨崇圣大学丛书,泰国大同社出版有限公司1996年版。

教信仰自由的政策：泰国华人可以自由信仰大乘佛教，特别是信仰佛教禅宗这种完全中国化了的佛教。泰国著名的禅宗寺庙有龙莲寺、大峰祖师庙、普门报恩寺等。龙莲寺开山祖续行大师出生于中国，1862年到曼谷开创中华禅宗，在拉玛五世的帮助下于1871年建成龙莲寺，被封为华宗大法师（僧王）。现在该寺已有约150年的历史，其住持传至9代仁晁大师，系在泰国出生并在泰国接受教育的一代高僧，被拉玛九世封为华宗副大宗长（副僧王）。

大峰祖师庙肇始于1897年，1910年正式建庙，庙成，匾曰"报德堂"，这就是泰国最大慈善机构报德善堂的由来。

普门报恩寺1960年破土动工，1971年建成。开山住持为第六代御封华宗大宗长普净长老。现任住持为普净长老的弟子仁得上师，袭任华宗大宗长，华宗僧务委员会主席，玛哈朱拉隆功大学荣誉博士。

中国的道教亦在泰国传播。在笔者抽样调查的中式寺庙中，实际属于道观的有吕帝庙、关帝古庙、仙公宫、玄天上帝庙等。此外，还有许多民间宗教信仰的神庙，包括原始宗教信仰、祖先崇拜、英烈崇拜等相关建筑。属于这一类的神庙名目繁多，计有：七圣妈庙、龙尾古庙、大圣佛祖庙、齐天大圣坛、水尾圣娘庙、本头公庙、本头妈庙、海太子庙、哪吒太子古庙、林姑娘庙、三宝公庙等。

拉玛九世对于居住在泰国的200万穆斯林以及他们信奉的伊斯兰教，也

大峰祖师庙

普门报恩寺

给予充分尊重。伊斯兰教是泰国第二大宗教,泰国计有2 300多座清真寺。仅曼谷就有清真寺148座,其信徒多为逊尼派,少数为什叶派。较大的清真寺设有经学院、阿拉伯语学校和讲习所。泰国共有穆斯林的各级学校200余所,曼谷的泰国穆斯林学校是其最高学府。在泰国政府工作的穆斯林受特殊优待,每周五下午有半天时间做礼拜,逢伊斯兰节日能带薪休假,若到麦加朝圣还有4个月假期。

在泰国的印度侨民也可以随心所欲地信仰婆罗门教或印度教。1969年泰国宗教厅正式批准印度协会注册为宗教组织。

在泰国的西方侨民普遍信仰基督教,现有教徒30万名,其中60%以上为天主教教徒。泰国有教堂400余座,神职人员4 000人,其中神父300人;教会学校130所,学员15万名。

拉玛九世的宗教信仰自由的政策,得到泰国人民和旅居泰国的各国侨民的衷心拥护,因而拉玛九世本人也得到世界人民的真诚爱戴和尊敬。2016年10月13日,拉玛九世普密蓬·阿杜德逝世,享年89岁。泰国举国哀悼。联合国于是日举行第71次会议时,全场起立,为泰王默哀。联合国主席彼得·汤姆森致辞赞颂泰王是泰国稳定的中心以及世界的伟大国王,他的逝世不仅是泰国全民的损失,也是世界的重大损失。

第三章
泰国佛教的政治化进程

公元前3世纪佛教传入现今的泰国地区,迄今历时2 000多年而不衰,足见其旺盛的生命力。其博大精深的思想内涵、深刻的哲理和简便易行的修持方法,成为经久不衰的吸引信徒的动力。当今世界,凡是能够长期存在的事物,都有其能够维持自身存在的合理性和必要性,佛教作为一种宗教自然也不例外。当宗教成为一种信仰时,它是人们的精神支柱和价值取向;当宗教成为一种文化形态时,它是信奉它的那个人类群体的行为准则和生活方式;当宗教成为一种社会制度时,它必然跟其他社会制度,诸如政治制度、经济制度、教育制度等,产生密切的联系。可以说,佛教在泰国2 000多年的传播和嬗变过程,实际就是佛教政治化的进程。

第一节 13世纪以前的王权神授理论

13世纪素可泰王朝建立以前,在现今泰国领土上出现了许多大大小小的王国,诸如金邻国(公元前3世纪—公元6世纪)、堕罗钵底国(6—11世纪),三佛齐(7—14世纪),女王国(8—13世纪),华富里政权(11—12世纪),八百媳妇国(13世纪—1773年)等。这些王国并非全是由泰族所建,但都属于泰国历史不可分割的一部分,被史学家统称为前素可泰时期。

前素可泰时期的王国都有一个共同的特点,它们都是某一地区的地方政权,并没有形成大一统的中央王朝。从宗教信仰方面看,他们主要信奉婆罗门教,佛教不占主要地位。公元前1世纪—公元2世纪婆罗门教首先传入东南亚地区的扶南国,到了真腊国时期婆罗门教达到极盛。后来,婆罗门教之所以逐渐被佛教取代,是由于婆罗门教的自身缺陷。婆罗门教是一个维护森严等级制度的宗教,它将人分为五个不同的等级,刹帝利、婆罗门为统治阶级,吠舍、首陀罗为被统治阶级,还有不可接触者为最低等级。这五个不同的等级是每个人先天带来并不可逾越的,因为婆罗门教认为人们诞生于湿婆神的不同部位,出身尊贵部位者尊,出身下贱部位者贱。尊卑贵贱决定了人们在社会中所处的地位,这种地位是世袭相传的。属于高种姓的婆罗门僧侣拥有许多特权,包括对少女的初夜权。①他们通过婆罗门教士享有的初夜权,来达到增加高种姓人种的数量的目的,这是违反人性的。而佛教宣扬众生平等,人皆可以成佛,就是对婆罗门教森严等级制度的反对。普通老百姓在吃尽等级制度的苦果之后,必然对佛教的平等主张持欢迎态度。这就使得皈依佛教者人数增多,并最终取代婆罗门教。

公元前3世纪,在印度本土的阿育王时代,阿育王竭力推崇佛教,但他并没有借助佛教将自己神化,没有将自己当作神灵转世或天之骄子。他只想死后往生天堂,没有普救众生的奢望,也没有许诺给人民带来极乐世界。这就是最初的佛教,只是一种玄学,原始佛教是无神论的。可是,当佛教传入东南亚以后,东南亚各王国及其首领,借助婆罗门教的势力和影响,使婆罗门教与佛教联手,鼓吹王权神授和王权至高无上。其而与阿育王时代的王权观念产生了重大区别,也使佛教开始演化为神学。

泰国历代君王为维护自身统治,利用宗教宣传抬高自身地位,将自己打扮为超凡脱俗之人,具有先天带来的特权,因而必须是神灵转世或天之骄子。"将国王看做宇宙的拯救者的菩萨理想,以及与此相关的宇宙论观念(如宫廷建筑结构、历法的制定颁布特有的象征意义,转轮圣王负有的历史重任)都是在阿育王之后的佛教王权观念发展的产物。"②

由于泰国历代国王与东南亚其他佛教国家的国王一样,认为自己肩负着拯救世人的使命,所以"任何想有点作为的君主都必须恢复和净化僧伽,都必须宣示出他护持宗教、遵循正法的决心。"③这就是泰国历代君主登基之后,总要表示自己是佛教护法的身份,整顿僧团组织,普及佛教教育,组织人力整理和翻译佛经等一系列做法的原因。

泰国早在金邻国和堕罗钵底国时期就已经确定了佛教在国家政治生活

---

① 周达观:《真腊风土记》"室女"条:"富室之女,自七岁至九岁;至贫之家,则止于十一岁,必命僧道去其童身,名曰阵毯。"
② 宋立道:《神圣与世俗:南传佛教国家的宗教与政治》,宗教文化出版社2000年版,第85页。
③ 宋立道:《神圣与世俗:南传佛教国家的宗教与政治》,宗教文化出版社2000年版,第87页。

中的统治地位。王权和神权结合到紧密的程度,几乎每一位国王都右手管理世俗民众,左手管理僧伽。

第二节　素可泰王朝加速了泰国佛教的政治化进程

13世纪建立的素可泰王朝,是泰国历史上以泰族为主体民族的大一统的中央政权,为与其原先的政敌高棉族建立的吴哥政权信奉婆罗门教和大乘佛教相对抗,便从锡兰引进小乘佛教,专一信奉小乘佛教。这使泰国佛教的部派矛盾和斗争,第一次打上政治的印记。

素可泰王朝建立以后,泰国佛教加速了政治化的进程,佛教与政治统治的关系变得越来越密切。兰甘亨(或称"兰摩甘亨")石碑和石制国王御座的发现,为我们提供了王权和神权合二为一的实物证据。1833年,尚未即位的曼谷王朝拉玛四世以一位云游僧人的身份到泰北朝圣,在素可泰王朝旧王宫遗址发现一块刻有古泰文的石碑和一块边缘刻有浅浮雕图案的扁平石板,这就是兰甘亨石碑和素可泰国王的御座。兰甘亨石碑由著名西方学者戈岱司等释读成功,其中一段碑文说道:

> 在加沙1214年(1292),即龙年,领导着由嵯岭城和素可泰城组成的王国的君主兰摩甘亨,命令他的工匠雕刻一块石板,放置在他14年前种植的这些糖棕榈树之间。在新月之日,在盈月的第八日,在满月之日,在亏月的第八日,其中一个贴拉或玛哈贴拉级的僧侣登台坐在石板上,向遵守戒律的百姓宣讲佛法。在不是宣讲佛法的日子里,嵯岭城和素可泰城君主兰摩甘亨就登台坐在石板上,让官吏、贵族、亲王同他讨论国家的事情。[①]

国王御座通常代表国王的身份和地位,除国王本人之外是不允许别人坐上去的,但素可泰的高僧可以坐在上面说法,说明神权和王权同样具有至高无上的地位。

从政治体制上看,素可泰王朝实行的是带有原始部落社会性质的家长式

[①] 那·拉卡诺:《素可泰城兰摩甘亨碑文——碑文和历史研究》第9号,何国良译自《暹罗学会学报》1971年第59卷第2期,译文载中山大学《东南亚历史译丛》1982年第2期。

统治。国王没有正式被称为国王,而是被称为"泼(父亲)",国王的名字之前一定要冠以"泼"。百姓是其子民,称为"鲁坤(儿子)"。国王听任他的子民去开垦荒地,种植树林,修建果园,但子民对于开垦出来的土地、树林、果园只有使用权,没有所有权。王室和僧侣是国家政权的核心。政治统治带有原始社会的部落民主成分。正如《兰甘亨石碑》记载,"他(兰甘亨)将一个钟挂在王宫门口,如果国中任何一个老百姓有冤情闷在肚里和憋在心里,而且他想讲给他的统治者或君主知道,那是很容易的:他走去打响那儿的钟,国家的统治者——兰甘亨国王听到这钟声,就除了询问、考察他的情况外,还公正地为他作出裁决",并且说,"国王不向他的子民征收过路钱;他们牵着牛骑着马去卖;谁愿意去做象的买卖,就去做;谁愿意去做马的买卖,就去做;谁愿意去做银和金的买卖,就去做"①。

《兰甘亨石碑》还提到"白衫儿",专指一度出家,后各种原因还俗,又到寺里帮助僧侣干活的那一类人。因为他们身穿白衫,故名"白衫儿"。白衫儿的出现,证明僧侣社会经济地位的提高,可以使唤用人。

素可泰利泰王时期开启了每一位国王都要出家一段时间的先例。国王剃度出家,证明国王就是僧侣,集王权和神权于一身。首都的城市建筑主要是王宫和寺院,除了王族和僧侣可以在城内居住外,一般居民统统居住在城外。所谓王都,实则王城。这种情况可以从《兰甘亨石碑》的记载中得到印证:"由于这个素可泰城有四个很大的城门,人民经常成群结队地进来观看国王点蜡烛和放烟花,这个城充满了人,达到挤破了的程度。""素可泰城之北有个市集,那儿有个固定的巨大神像,有神庙,有椰子林和波罗蜜林,高田和低田,住宅,大小村庄。"②都城的城门有士兵守卫,按时关闭。被惩罚的罪人不得入城,就像真腊的首都吴哥城一样:"曾受斩趾刑人亦不许入门。"③

第三节 15世纪戴莱洛迦纳王的封田制与僧官

15世纪阿瑜陀耶王朝的戴莱洛迦纳王(1448—1488年在位)全面推行"萨克迪纳制"。在泰语里,"萨克迪"意为权力,"纳"是土地,"萨克迪纳制"即

---

①② 那·拉卡诺:《素可泰城兰摩甘亨碑文——碑文和历史研究》第9号,何国良译自《暹罗学会学报》1971年第59卷第2期,译文载中山大学《东南亚历史译丛》1982年第2期。

③ 周达观:《真腊风土记》"城郭"条,中华书局2004年版。

素可泰城遗址

对土地占有的权力。国王把全国的土地,按贵族的爵位、官吏的官衔,以及平民百姓不同等级进行分配,使其占有一定数量的"职田"或"食田",然后由国家征收劳役地租或实物地租。

"萨克迪纳制"的实行,标志着封建领主制在泰国的建立。从此,泰国社会的阶级划分趋于完备。国王是最高统治者,下设各级官吏,属统治阶级。被称为"派"的普通民众和奴隶,则属于被统治阶级。"派"分为三大类:"派索姆""派銮""派帅"。派索姆隶属拥有400莱(1莱约等于1 600平方米)以上封地的贵族或官吏,他们耕种份地,将收获的部分实物缴纳给主人(乃),并承担主人分派的杂役。派銮隶属国王,他们拥有份地和微薄的私产,除了向国王纳税和服役外,还要为管辖他们的地方官吏干活。派帅是专门为国王生产手工业产品的工匠。尽管法律规定不许出卖"派",但这种买卖实际是存在的。"派"被束缚在土地上,不可随意迁徙。处于社会最底层的奴隶称为"塔特",按规定他们可以分得5莱土地,他们在无偿地为主人做事的同时,耕种自己的小块土地。主人不可以杀害奴隶,但可以随便打骂。

戴莱洛迦纳王实行萨克迪纳制的核心是建立尊卑有序的社会秩序。他把素可泰时期的"父子式的统治方式",改变为"主仆式的统治方式"。在素可泰时期,整个国家犹如一个大家庭,国王照看子民如同父亲照看子女,子民也像子女忠诚孝顺父亲那样对待国王。这种带有原始社会军事民主成分的政治统治,被戴莱洛迦纳王改造成封建领主的政治统治,父子关系变成主仆关系,子民变成了依附民,不仅有经济依附,还包括人身依附。

与世俗统治方式相适应,在僧伽管理中必然要出现僧官制。僧官制的确立和完善,是为了在僧侣中进行等级划分,并根据身份等级获得不同的权益。素可泰王朝从利泰王时期开始设立僧爵,最初只有两个爵位:僧王和长老。到了戴莱洛迦纳王时期,增加为三个僧爵:僧王(一等)、僧长(二等)、长老(三等)。各等僧爵,都获得一把国王颁赐的长柄僧爵扇作为标识。那个时期泰国的小乘佛教分为三个宗派:卡玛瓦希左派、卡玛瓦希右派、阿兰瓦希派。在僧王的领导下,三派各设一位僧长和长老。

泰国母子艺术像

第四节　19世纪朱拉隆功改革和佛教的现代化

　　从1868年开始,曼谷王朝拉玛五世朱拉隆功在泰国实施了一系列的行政制度的改革,旨在引进西方的行政管理方法,打破泰国传统的封建世袭制度。1928年颁布的第一部《文官条例》,规定通过考试公开选拔官员。与新的世俗官吏制度相适应,1903年颁布了第一部《僧伽条例》,将僧伽管理纳入法治轨道。该条例规定:中央僧团的职责是管理全国的僧伽和团体,由国王及4位大宗长、4位副大宗长负责。8位正、副大宗长组成大长老会议。任何议题只要获得5票以上通过,则任何人不能将其推翻;地方僧伽管理和世俗地方行政管理体系一样,按地方行政区划来划分。省(府)一级的大长老由国王任命;往下设市、县、区各级的僧官。

　　1932年6月24日政变后,泰国政体改为君主立宪制。僧伽也像世俗政权一样实行行政、立法和司法三权分立。1941年版的《僧伽条例》应运而生,成为僧伽的宪法。这个条例的重要性在于,它在不违背僧伽戒律的情况下,尽可能多地将僧伽管理和世俗行政管理结合起来。僧伽的议会称为"大长老会议",内阁总理称为"僧伽内阁",司法称为"僧伽总监"。僧伽管理被有效地纳入从中央到地方的行政官僚体系之中。政府可以毫不费力地指导僧伽的行动,并对其进行管理和约束。

1941年版的《僧伽条例》希望泰国两大佛教宗派(大众派和法宗派)能在条例颁布后的8个月之内实现合并统一,然而事与愿违,两派非但没有统一,而且矛盾愈演愈烈,以致后来不得不推出1962年版的《僧伽条例》。

1962年正是沙立出任泰国总理的时期,他实行军人专制的独裁统治,不搞所谓的议会民主和三权分立。因而在僧伽管理上,也取消了僧伽内阁和僧伽总监,把僧伽的行政、立法、司法的权力统统归给僧王和大长老会议掌握。僧王担任大长老会议主席,委员由其他6名僧长担任。1962年版的《僧伽条例》最突出的特点是,集中了僧伽的权力,并把它置于相应的各级政府的控制之下。正像西方学者苏克萨姆兰在《东南亚的政治佛教》一书中所说:"僧伽和政府无论是在高层次或是低层次都合为一体,政府可以在高层次的行政事务上控制僧团的方针和行为。"①

至此,泰国佛教顺利地完成了它的政治化进程。佛教和政府成为现代国家政治统治不可缺少的两大支柱。

沙立总理像

现代的泰国,依然是东南亚重要的佛教国家,全国95%以上人口信仰佛教,共有佛寺32 000多座,僧侣30万人,每个信佛的成年男子一生中出家一次。泰国宪法规定:"泰国国王,必须是佛教徒及佛教的护持者,才可以登基为王。"任何公民都有批评政府和总理的自由,唯独不能反对国王和佛教。泰国采用佛历纪年,佛教的重要纪念日为全国法定假日。由此足见佛教在泰国政治生活中的重要地位。

---

① 冯德麦登著,张世红译:《宗教与东南亚现代化》,今日中国出版社1995年版,第98页。

第四章
泰国的佛教艺术

第一节 佛教艺术包含的范畴及作用

什么是佛教艺术？

我们是否可以这样定义：所谓佛教艺术，就是把佛教当作创作对象和表现内容的一切艺术形式。佛教艺术是佛教的载体，是佛教的一种表达方式，是为着宣传佛教而产生和发展的艺术样式，它的作用是使佛教直观化、生动化、美观化、具体化，从而更具有视觉和精神上的感染力、震撼力。

那么什么是佛教？佛教形成的标志是什么？

如前所述，佛陀是佛教的创始人，名叫乔达摩·悉达多，是北印度迦毗罗卫国的王子，生活在公元前560—前480年。他16岁结婚，29岁出家，35岁悟道成佛，80岁涅槃。佛教的正式形成，以佛、法、僧三宝的出现为标志。当佛陀早年出家修行的时候，他只是当时印度常见的一名苦行僧。在他被饿得骨瘦如柴将要昏厥的节骨眼上，幸亏有一位好心的牧羊女哺之以乳糜，才使他恢复体力，得以坐到菩提树下冥想，悟道成佛。所谓佛，就是觉悟者，大彻大悟之人也。法指佛门的理论教义，即佛陀悟到的"道"，包括三藏十二部经及八万四千法门。僧就是皈依佛法出家修行的僧侣。佛得道后在鹿野苑初转法轮，讲经说法，摩诃迦叶等五人皈依佛门，剃度出家。此时，佛、法、僧三宝俱全，佛教创立。

佛教创立后40余年，佛陀走遍全印度，弘扬佛法，普度众生，使得许多人皈依佛教。属于教团内部的信徒称为内部五众（出家信徒）。还有在家信徒。因此，我们可以说，佛、法、僧三宝，加上在家信徒，构成了佛教。

为什么佛教需要通过艺术的形式来表达？

这是因为佛教作为一种宗教,是一种比较抽象的文化形态,是一种思想,是一种信仰,是一种哲学,是一种人生观和价值观,平时看不见,摸不着。它建立在虚幻和想象的基础上,无法通过实证的方法加以检验,只能凭借意念来体验。因此,佛教宣传过程必须将其理念变得直观化、生动化、具体化,具有精神和视觉的感染力、震撼力。佛教艺术运用雕塑、绘画、装饰、建筑等手段,将其理念变成看得见、摸得着的东西,以此扩大影响和招徕信徒。

佛教艺术经历2 000多年的积累和完善,出现了许多旷世精品和艺术大师,是人类历史文化遗产的一个重要宝库。保存、清理、认识、研究佛教艺术,不仅可以加深对佛教的了解,也关系到人类文化遗产的传承。

佛陀布道图

泰国是一个重要的佛教国家,佛教艺术博大精深,通过学习泰国佛教艺术,人们可有效提高自身的知识水平和文化素养。

第二节　佛像、佛寺和佛塔孰先孰后

佛教艺术首先最集中地表现在佛像、佛寺、佛塔的制作上。

我们知道,佛是佛教理论的创始人,亦是最早的传道者。因此,佛理所当然地成为佛教艺术首先必须表现的主角,于是有了佛像。佛像始于何时?佛在世时是不是有佛像呢?《法显传》记载了这样一个传说:"佛上忉利天为母说法九十日,波斯匿王思见佛,即刻牛头旃檀作佛像,置于佛坐处。佛后还入精舍,像即避出迎佛,佛言:'还坐。吾般泥洹后可为四部众作法式。'像即还坐,这像最是众像之始,后人所法者也。"《增一阿含经》卷二十八也有这个神话传说的记载。

然而传说毕竟不足为凭,更何况带有神话的色彩。学者们认为,佛在世时不可能为佛造像,因为《十诵律》规定:"佛身佛不应作。"这是小乘佛教的金科玉律,人们不敢轻易破戒。佛是超人,具备32相,80种好,不可以造像表现。佛灭度后相当一段时间,信徒们都以象征的方式来表现佛的形象。如以大象表示佛的诞生,马表示出家,座表示降魔,菩提树表示成道,法轮表示说法,塔表示涅槃。

佛像大约出现于1世纪,即印度的贵霜王朝(Kusak)建立时期,发源地是马朱拉(Mathura)一带。其后印度受到波斯、希腊文化的影响,形成犍陀罗艺术。4—6世纪是印度的笈多王朝(Cupata Dynasty)时期,这是印度佛像艺术最辉煌的时期,形成了笈多佛像的特殊风格。当佛教于公元前2世纪传入泰国时,最早登陆的地点是佛统一带,形成了泰国堕罗钵底的佛像艺术。

佛寺是怎么产生的呢?佛教创立以后,首先必须解决的问题离不开衣、食、住、行四样。衣,穿的是僧衣,一袭黄布裹在身上即成袈裟;食,吃的是素食,十分简单,随处皆可化缘;行,光着脚丫子走路,赤足跣行。唯有住的问题较难解决,出家人总不能住在寻常百姓家吧?于是,鹿野苑成了他们最初的住所,被称为精舍,亦称伽蓝。这就是佛教寺院的滥觞。由此证明,佛在世时,就有寺庙了。

佛塔是伴随佛祖涅槃才出现的,佛塔是保存佛舍利的坟冢。塔梵名sthupa,汉译窣堵坡。所以说,佛塔的出现位列第二。

简而言之,公元前6世纪,当佛、法、僧俱备,佛教正式形成之时,最早出现的是寺庙,接着佛灭度后出现了佛塔,到1世纪才出现佛像。

我们可以从泰国现存的佛寺、佛塔、佛像,清晰地看到泰国佛教艺术的发展脉络。

第三节 历代佛寺

一、佛寺概述

精舍(梵音 vihara)是一个中国化的称谓,初指儒家讲学之地,后指僧侣修行住所。伽蓝,又译僧伽蓝,是梵语僧伽蓝摩(samgharama)的简称。这就是佛教寺院的滥觞。到了后来,一座完整的寺院建筑必须具备七个组成部分,称为七堂伽蓝,即具备佛殿、佛塔、经堂、藏经楼、僧舍、斋堂、钟楼。佛陀时代的鹿野苑究竟是什么模样,今已不可见。好在7世纪玄奘到印度留学的时候,曾亲眼见到当时的鹿野苑:

渡婆罗斯河东北行十余里,至鹿野伽蓝,台观连云,长廊四合。僧徒一千五百人,学小乘正量部。大院内有精舍,高百余尺,石阶甃砌,层级数百,皆隐起黄金佛像。室内有石佛像。量等如来身,作转法轮状。精舍东南有窣堵波,无忧王所建,高百余尺。前有石柱,高七十余尺,是佛初转法轮处。①

如玄奘所言,7世纪的鹿野苑伽蓝已经发展得规模宏大,可供1 500名僧侣住宿。精舍高百余尺,高大宽敞;砖石砌的佛龛,供奉着石佛像和金佛像。室内有一尊真人大小的如来佛像,摆出初转法轮的姿势。精舍东南有一座无忧王建的佛塔,高百余尺;塔前有一石柱,就是佛陀初转法轮的地方。

既然佛寺的主要用途是供僧侣居住和举行宗教活动,那么作为一种专供僧侣居住的建筑物,它的建筑样式和发展过程,必然遵循人类建筑的发展规律。

我们知道,原始人类的居住形式不外两类:一类巢居,像鸟雀一样在树上筑巢,后来发展为干栏式的高脚屋;另一类为穴居,利用天然山洞,或掘穴而居,有如走兽,后来演变为窑洞和地面上的房屋。晋人张华的《博物志》说:"南越巢居,北朔穴居,避寒暑也。"

巢居和穴居代表着两种不同的文化源流,此后发展为两种不同的建筑风格和样式。古代居住在南方的百越民族承袭了巢居的传统,在房屋建筑中广泛地采用干栏式建筑,并沿袭至今。中国古籍中不乏这样的记载:

《魏书·僚传》:"依树积木以居其上,名曰干栏,干栏大小,随其家口之数。"

《新唐书·南平僚传》:"土气多瘴疠,山有毒草及沙虱、蝮蛇,人并楼居,登楼而上,号为干栏。"

《西南夷风土记》说:"所居皆竹楼,人处楼上,畜产居下,苫盖皆茅茨。"

《海语·暹罗条》说:"土夷乃散处水棚板阁,荫以茭草,无陶瓦也。"

居住在中国南方的百越民族及广泛分布于东南亚地区的泰国、老挝、柬埔寨、缅甸等国的人民都习惯采用干栏式的建筑,这是他们的一种文化传统,当然也跟他们所处的地理环境和气候条件有关。在热带或亚热带地区,天气湿热,没有四季寒暑的变换,只有旱季和雨季的分别。每当雨季来临,洪水泛滥,居住在高脚屋中的民众,因其楼板高出地面数米,得以躲避水患。到了旱季,楼底可以饲养家畜,楼上住人,清凉爽快。

---

① 慧立、彦悰:《大慈恩寺三藏法师传》,中华书局2000年版,第62页。

泰国主要佛寺及佛寺局部图 1

第四章　泰国的佛教艺术　71

泰国主要佛寺及佛寺局部图 2

鹿野苑遗址

　　北方民族选择穴居，也是由地理环境和气候条件决定的。穴居的优点是冬能御寒，夏能避暑。北京周口店发现的1万多年前的早期智人"山顶洞人"就居住在山顶洞中。古代新疆地区的民宅一半露在地面，一半埋在地下。现在依然可以见到的陕北窑洞，亦是穴居的延伸。穴居是人类的一种居住方式，无论是天然的山洞，或是人工开凿的石窟，最初都是用来住人的。当石窟与佛教结缘后，石窟的主要功用就不再是供俗人居住，而成为僧侣修隐和供奉佛像的专门场所，也就是僧侣和佛像的居所，相当于石窟式的僧舍和寺庙。

　　佛寺源于印度的精舍（伽蓝），随佛教北传和南传。北传的佛寺由穴居演变为石窟和地面上的建筑，如中、日、韩等国的佛寺；南传佛寺则由巢居变成高脚式建筑，如泰国、缅甸、老挝、柬埔寨、斯里兰卡等国的佛寺。

　　泰国佛寺从一开始就是高脚式的干栏建筑，早期多为高脚木楼，后发展为砖木结构，但一定要高出地面数米。每当雨季来临时，不容易被洪水淹没。素可泰时期寺内只有佛殿，佛龛置于中轴线上，前面是舍利塔。这种建筑样式是从锡兰引进的。后来增加了佛堂，阿瑜陀耶时期佛堂变得跟佛殿一样重要，并开始建造讲经堂。曼谷王朝时期的佛寺，力求保存传统文化风俗，并在原有的基础上有所发展。这个时期的佛寺接受了中国和西欧的建筑艺术影响，从传统的木结构发展到砖木结构、铁或大理石结构。建筑规模也从小到大，以致像法身寺那样超大的规模。寺庙的门、窗、浮雕、壁画越来越精美奢华，形成了独具民族特色的泰国佛寺建筑艺术风格。泰国人对于修建佛寺表现出极大的热情，正如《新元史》"八百媳妇"条所说："每村立寺，每寺建塔，约以万计。"《海国图志》卷七《暹罗传》说："（暹罗）尊奉印度佛教，凡事苟且节俭，惟修建寺宇，则穷极奢华。"《明史·暹罗传》说："富贵者尤敬佛，百金之产，即施其半。"之所以这样，恐怕要从佛教的教义中寻找。佛教《善品大戒经》"较量功德品"说："施佛塔庙，得千倍报；布施沙门，得百倍报。"原来捐款建庙，可以得到千倍福报，远远多于做其他善事。何乐不为？

现今全泰国共有佛寺 32 000 所，其中不乏名刹，历史悠久，式样独特，建于不同的时期，文化内涵深邃，值得我们深入研究。

二、清迈看佛寺

清迈位于泰国北部，古称兰纳泰，中国古籍曾称之为"八百媳妇国"。现今，大约有 3 000 多座代表泰北文化的古老寺庙分布于清迈地区。所以，到清迈看佛寺，成为赴泰旅游的传统保留节目。

菩兴寺（Wat Phra Sing）建于 1345 年，是一座历史悠久的佛寺，供奉一尊名为"菩兴（Phutthasihing）"的古佛。每年 4 月 13—15 日的宋干节（泼水节），人们都要来到这座寺庙里，举行浴佛仪式，并绕城游行。该寺佛殿系泰北的经典建筑，门窗皆保存着精美的木雕，墙上绘着北方风格的壁画。藏经阁气势雄伟，覆钵式的白塔高耸云天。

斋迪隆寺（Wat Chedi Luang）始建于 1481 年，因拥有清迈最大的一座舍利塔而得名。"斋迪隆"是大塔的意思。历史上有一段时期，塔就是寺，寺亦是

佛寺模型

菩兴寺

塔。或者说，外观像塔，塔内是寺。这种塔寺合一的建筑，缅甸蒲甘有大量保存。此座斋迪隆塔高98米，宽54米。1545年的大地震将塔毁掉一半，仅余下42米高的塔基和首层。塔旁的帕辛寺，是一座典型的砖木结构的干栏式建筑。由两条纳加蛇盘绕的石阶拾级而上，便到了砖石砌成的基座。基座四周的墙壁，镌刻着精美的神像。雕梁画栋组成的木楼端坐在石基座上，小巧精致。

柴右寺（Wat Chet Yot）意为七宝塔寺。寺中有一佛塔，塔座上环列七座小塔，小塔基座上有神像浮雕。柴右寺明显地仿照印度的样式，年代虽不可考，但可以肯定年代久远，是清迈现存古寺之一。塔后有一株苍老的菩提树，据说是从斯里兰卡移植来的，已有500余年的树龄。

清迈寺（Wat Chiang Mai）坐落于清迈古城墙之内，曾是兰纳泰国王的王寺。它高大、华丽，彰显王家的富贵高雅。其中最具特色的是舍利塔，由一群石象支撑而起，寓意吉祥康泰。该寺珍藏着一尊微型水晶佛像，据说具有降雨的神力，常用于祈雨、祭祀。

苏东寺（Wat Suan Dok）建于14世纪，那里原是兰纳泰国王的御花园，后在花园中建王寺。佛殿中供着一尊铜佛像，已有500多年的历史，是泰国最大的金属佛像之一。寺中耸立着许多白色的覆钵式佛塔，塔中存放着兰纳泰王室先人的骨灰。

苏泰普寺（Wat Phra That Doi Suthep）历史悠久，初建于1383年，距清迈城15千米，坐落在海拔3 200米的山头上。有290级台阶直接通往寺庙大门，游人亦可以乘缆车直达。台阶两侧，由两条纳加蛇护卫，故当地华人称它为双龙寺。该寺有一座金色佛塔立于山巅，大气磅礴，气势雄伟。站在塔上俯瞰清迈，全城景色尽收眼底。这里来自中国的游客很多，香火旺盛，人头攒动。

三、素可泰看佛寺

13世纪，泰族崛起，于1238年摆脱高棉族的统治，在泰北建立素可泰王朝。作为泰国历史上第一个由泰族建立的王朝，素可泰王朝存在了100多年，1419年被罗斛国灭亡。

素可泰城遗址距曼谷440千米，1991年被联合国教科文组织定为世界文化遗产，并辟为泰国国家素可泰历史公园。在这里可以看到许多古都名刹。

玛哈它寺（Wat Mahathat）是素可泰时期最大最豪华的佛寺，也是素可泰国王的王寺。虽然雄伟的佛殿早已坍塌，但从剩余石柱的布局可以看到其规模之壮观。巨大的坐佛立于天地之间，头顶蓝天，倒影碧水；慈眉善目，神态安

素可泰名刹遗址

详。舍利塔的覆钵如同巨大的扣钟,将时光凝固。因此我们可以看出,13世纪伴随着泰族的崛起,佛法兴旺的景象。

桌旁通寺（Wat Trapang Thong）位于玛哈它寺以东的湖心小岛上,现存一座锡兰式的红砖舍利塔,还有一座佛殿。佛殿中保存着素可泰国昙摩罗阁二世（Thammaracha Ⅱ）于1390年制作的佛脚印的拓片。每年水灯节时,信徒们都要来这里拜谒佛脚印拓片,并在湖中燃放水灯。

西沙瓦寺（Wat Si Sawai）位于玛哈它寺的西南方,最初是一座婆罗门教神庙。有三座装饰着纳加蛇的高棉式的塔,红砖砌就的寺庙呈印度风格,或者说带有明显的华富里（Lop Buri）时期的特征。据说此处曾出土一尊婆罗门教的神像,素可泰王朝建立后才改为佛寺。

萨西寺（Wat Sa Si）坐落在一个美丽的莲花

萨西寺

池中央,故又名圣池庙(Sared Pond Temple)。一座木桥跨过池面,将萨西寺与陆地相连。从远处望去,碧波塔影,夕阳古庙,睡莲吐蕊,佛身安坐,堪称素可泰最美的寺庙之一。每逢11月的水灯节之夜,人们都来这里观赏水灯和烛光。

帕培峦寺(Wat Phra Pai Luang) 位于素可泰城北之北墙外,为护城河环绕。它早在13世纪素可泰王朝建立之前就已存在,是高棉人修建的一座婆罗门教神庙。庙里原有三座高塔,分别代表婆罗门教信奉的三尊大神:婆罗摩(Brahma)、毗湿奴(Visnu)和湿婆(Siva)。现在只剩下代表婆罗摩的大梵天塔。塔身还保存着一些泥灰浮雕装饰,但已模糊不清。其中一座佛殿的遗址是被改为佛寺后留下的一个痕迹,里面保存着佛陀坐、卧、立、行四种姿势的塑像。

喃帕雅寺(Wat Nang Phaya) 寺名用的是音译,喃帕雅寺实际意思是王后寺,当是专为某位国王的王后而建。修建时间是15世纪,大概已经进入阿瑜陀耶王朝入主素可泰时期。从第七间僧院北墙的浮雕风格可以看出它受阿瑜陀耶时期浮雕艺术的影响。

斋迪伽拓寺(Wat Chedi Chet Thaeo) 寺名中斋迪(Chedi)在泰语中是塔的意思,斋迪伽拓寺显然是一座佛塔唱主角的寺庙。该寺有各式各样风格的佛塔,有锡兰式、高棉式、老挝式等,外观有方形、圆形、尖形、菱形,不一而足。寺庙的拱门与众不同,造型精美,装潢典雅。所供佛像为素可泰时期常见的佛陀步行式样,带有明显的时代特征。佛陀神态安详,步履轻盈,袈裟飘逸,活灵活现。

西初寺(Wat Si Chum) 位于玛哈它寺之北,有护城河围绕。主殿十分有

西初寺佛像　　　　　　　　佛像局部

名,透过狭窄而高长的尖顶门洞可以看见巨大的佛像。这尊佛像是素可泰时期的经典之作,被素可泰时期的碑铭称为"不可动摇之佛"。佛像结跏趺坐,手指颀长纤细。佛殿顶部早已坍塌,唯有四壁峭立。地面铺着50多块刻有《佛本生经》图案的石板。墙有两层,门正中是阶梯,可直通佛像。之所以建两层墙,是为了让朝拜者可以沿夹墙通道绕佛像游行。其建筑式样明显受锡兰寺庙建筑的影响。

沙潘欣寺(Wat Saphan Hin)位于素可泰城西200米高的小山丘上,石板铺路,当地人称为"石桥寺"。寺建在山顶,可俯瞰素可泰城。寺门有一尊立佛,高12.5米,呈降魔式。

环象寺(Wat Chang Lom)由兰甘亨国王修建,寺庙建筑已荡然无存,唯剩下一座锡兰式舍利塔,塔基为正方形,上面有39座真象大小的浮雕象环塔而立,故名环象寺。象被视为佛门的吉祥物,常用于寺塔的装饰。

四、阿瑜陀耶看佛寺

阿瑜陀耶城作为阿瑜陀耶王朝首都存在了417年。1767年缅军攻陷阿瑜陀耶城,放火焚城,皇宫寺庙变为废墟。根据现存遗址统计,王朝全盛时期共有佛寺400余座,现择其重要的寺庙介绍如下。

阿瑜陀耶佛寺遗址

玛哈它寺（Wat Mahathat），靠近王宫，位于王宫东边，与前文玛哈它寺同名，始建于 1374 年，即阿瑜陀耶王朝波隆摩罗阁一世（Borommaracha Ⅰ，1370—1388 年在位）统治时期，完成于拉梅萱王（Ramestuan，1388—1395 年在位）第二次执政时期。1767 年缅军攻陷阿瑜陀耶城时被焚毁，一直荒废。1911 年残余建筑因日晒雨淋再度坍塌。据泰文文献记载，该寺曾是拉梅萱王时代的名僧玛哈苔堪冲的住所，建筑规模宏大。泰国艺术厅对遗址考古发掘后发现，该寺佛殿曾经历三个朝代的修葺，由此推断其历史大约比阿瑜陀耶建城的年代还早。

帕蒙哥波皮佛殿（Vihan Phra Mongkol Bophit），在王宫西面，与王宫紧密相连。佛殿里供奉着泰国最大的青铜佛像，宽 9.55 米，高 12.45 米，佛座高 4.5 米。这尊佛像铸于 14 世纪中叶，带有乌通时期和素可泰时期的特点：拉长的面孔、弓样眉、鹰钩鼻、嘴唇小而薄、发髻为火焰状。这尊佛像原供奉于王宫东面，嵩贪王（Songtham，1611—1628 年在位）下令移至现在的位置，并盖了一座四方形的佛殿庇荫。1706 年该佛殿遭雷击失火，虎王（Phra Chao Suea，1703—1709 在位）命照原样重修。在 1767 年缅军攻陷大城的灾难中，该佛殿也未能幸免于难。倒塌的屋梁将青铜佛像的发髻和右臂砸坏，直到 1931 年才重新修复。宋堪担任总理时期，政府拨款将其修葺一新。现今是阿瑜陀耶一处重要的礼佛场所和游客必看的景点。

坍塌的佛殿

帕拉姆寺（Wat Phra Ram）修建于 1369 年拉梅萱王第一次执政时期。后来波隆摩·戴莱洛迦纳王时期和波隆摩阁王时期皆进行过维修。现在看到的建筑物，多出自波隆摩阁王时期的工匠之手。寺中有三座高大的佛塔，一字排开，被视为阿瑜陀耶时期的标志性建筑。

帕纳买卢寺（Wat Phra Mainu）意即王家火葬场前面的佛寺。据泰文《阿瑜陀耶王朝编年史》记载，1504 年阿瑜陀耶王朝拉玛铁菩蒂二世与缅甸勃固王签署停战协议时，在这里建了一座亭子作为见证，后发展为寺庙。其建筑风格体现了早期阿瑜陀耶王朝的特点:佛殿没有窗户,只凿几个狭长的孔透光,造就一种肃穆的感觉。唯正门上端有一个圆孔,透进一束亮光正好照在佛像身上,寓意佛陀给人们带来光明和希望。殿内四周墙壁保留着500年前的壁画,除了有取材于《拉玛坚》的神话故事外,还有一些写实的作品,如驾着中国式木船航海贸易的图画,梳长辫的华人围看古装戏的图画等,具有珍贵的艺术及史料价值。

拉查补拉纳寺(Wat Ratchaburana)建于1424年,系波隆摩罗阁二世为两位死去的兄长举行火葬礼而建。1956年,当泰国艺术厅考古队正忙于对玛哈它寺进行考古发掘的时候,拉查补拉纳寺被人偷盗,盗贼从一座塔的底部盗走许多珍贵文物。艺术厅考古队闻讯赶来,打开另一座塔的秘密洞穴,发现了纯金制成的御用器皿、佛经和其他文物。洞穴四壁保存着阿瑜陀耶时期的壁画,内容有《罗摩衍那》的神话故事,也有花纹装饰图案。

帕蒙坤波佛殿(Phra Mongkhon Bophit)里的帕蒙坤波佛是一尊巨大铜铸佛像,原供奉于王宫东侧的露天旷野,后被移至王宫西侧。为了保护铜像而盖了一座佛殿,即帕蒙坤波佛殿。1767年缅军洗劫阿瑜陀耶时,佛殿和佛像皆受损害。后来虽经修复,但不如原来精致。

塞纳萨纳拉寺(Wat Senasanaram),又名苏安寺(Wat Sua),位于王宫背后。该寺有两尊佛像,皆来自老挝万象。一尊为释迦牟尼佛像,供在佛殿;一尊为帕英佛,供在佛堂。

苏万达拉查沃拉寺(Wat Suwandaram Ratchaworawihan)位于王家园林建筑群中。最初被称为松寺(Wat Thong)。曼谷王朝时期经过几次扩建修葺,焕然一新。最让人称妙的是佛殿的壁画,最上层是众多的神像,下面绘的是《佛本生经》的故事,也有描写阿瑜陀耶纳黎萱王(Naresuen,1590—1605年在位)打败缅甸人的写实作品。

帕南车寺(Wat Phananchoeng)位于阿瑜陀耶城郊,濒临湄南河,又名三宝公庙,后来用于纪念中国伟大航海家三保太监郑和。

该寺初建于1324年,比阿瑜陀耶建城的时间还早26年,迄今已有近700年。1350年,泰国中部的乌通王战胜北方的素可泰王朝,迁都阿瑜陀耶城。寺中供奉的佛像名叫銮抱多佛,是现今泰国最大一尊金属铸佛,一个正常人的身高还抵不上佛的一根手指长。

帕南车寺一带,原是华人聚居区,亦是重要的商业贸易集市。阿瑜陀耶王朝中期,葡萄牙人和日本人先后来这一带居住,形成葡萄牙人村和日本人村。1407年，明朝三保太监郑和第二次下西洋时曾来到这里，此后1409年又率船队再次来到此地，并用小船做买卖。为纪念郑和，当地人将帕南车寺改称三宝公庙。三宝亦指佛、法、僧三宝。明人张燮《东西洋考》"暹罗"条说："三宝庙在第二关，祀太监郑和"。因《东西洋考》刊刻于1617年，证明在此之前帕南车寺便已改称三宝公庙了。

该庙按泰国传统佛寺式样建筑。大殿前是一条长走廊，正中置供桌，桌上有三只铜香炉，一只制于清光绪二十三年(1897)，另一只制于清宣统元年(1909)，还有一只年代不详。正殿大门上额有一中文木匾：三宝公庙。另有一泰文木匾上书：帕南车寺。大门两边是中文对联：七度使邻邦有明盛记传异域；三保驾慈航万国衣冠拜故都。

帕南车寺

五、曼谷看佛寺

玉佛寺(Wat Phra Kaeo)于1782年曼谷王朝建立之初，首都由河对岸的吞武里搬到曼谷时建立，具有全国最高规格和地位。它作为王家佛寺，专供国王和王室成员礼佛之用，并供奉一尊国宝级的碧玉佛。它是泰国唯一没有和尚居住的寺庙。

玉佛寺因玉佛得名。据史书载，1434年，雷电将清莱的一座塔击毁，露出一尊佛像来。老百姓见佛像贴金，以为是普通石佛贴金，便把他供奉在寺庙里。时间一久，贴金脱落，才发现是一尊玉佛。佛像宽43.8厘米，高66厘米，通体碧翠，无一瑕疵。经禀报，得清迈王同意，老百姓将其迎奉到南邦府的玉佛寺。1468年，清莱王将玉佛移至清迈，在那里存放了84年。后来，清迈的一位王子到老挝平叛，因为他是老挝王的姻亲，遂被留在琅勃拉邦为王，玉佛亦随这位王子去到琅勃拉邦，在那里供奉了12年。1564年，老挝首都由琅勃拉邦迁往万象，玉佛亦被迎奉至万象，在万象供奉了214年。1778年，泰国吞武里王郑信征服万象，将玉佛迎回泰国。1784年曼谷王朝拉玛一世将玉佛接到玉佛寺。

玉佛寺之建筑，集泰国建筑艺术之大成。佛殿大门用贴金雕漆工艺制成,走廊的墙壁上绘满壁画,尽是著名史诗《拉玛坚》的神话故事。庭院里建了 8 座塔,献祭 8 位值得尊敬的人物。工匠用石头堆筑假山,种植花草,放置了一些从中国运来的石雕像,十二生肖的动物头像,并用青铜浇铸了 112 个迦楼罗,即人体鸟头金翅鸟,置于佛殿外墙的底座上。庙门旁站立着一对龇牙咧嘴的卡拉神像,作为寺庙的守护神。

素拉那贴哇拉兰寺(Sutat Natipwararan)俗称大佛寺,位于曼谷打金路(Detong Road)秋千架旁,由曼谷王朝拉玛一世修建。佛殿里供奉的释迦牟尼佛像是当时最大的青铜佛像,佛盘膝而坐,二膝之间宽达 6.25 米。这尊佛像最初铸于素可泰王朝利泰王时期,原供于素可泰城玛哈它寺,1808 年奉王旨移至曼谷。由于这尊佛像太大,无法从城门进来,因而还专门拆了一段城墙。这座寺庙建筑工程浩大,从拉玛一世建到拉玛四世才竣工。院子里摆放着从中国运来的石雕人像和七级浮屠,门口竖着中国的石斧和石关刀。寺内没有建佛塔,一株从锡兰移植来的菩提树代替了佛塔。

金属巴刹(Metallic Prasat)的"巴刹"在泰语里是指有尖顶的庙宇,不同于称为 Wat 的佛寺。曼谷民主纪念碑附近的这座金属巴刹,是拉玛三世所建,外观奇特,塔尖用金属制成,锡兰风格,是当今世界仅存的三座巴刹之一。塔有四层楼高,37 个塔尖,正好跟菩提分法的四念处、四正勒、四如意足、五根、五力、七觉支、八正道共 37 道品相吻合。1851 年拉玛三世逝世时工程尚未结束,由拉玛四世续建完工。

云石寺(The Marble Temple)位于曼谷的阿瑜陀耶路,系曼谷王朝拉玛五世所建,泰名奔咋玛丕

石雕像

金属巴刹

(Benchamabophit),意即五世王寺。因该寺全部用进口意大利大理石建成,故老百姓称之为云石寺。这是除了玉佛寺外,全泰国最华丽,最壮观的一座寺庙。它占地面积宽广,分佛寺区和僧寮区两部分,由一条小河从中间隔开。佛寺区包括佛殿、佛堂、经堂、草坪、水池。僧寮区是和尚的住所,分为不同等级,最高级的是西式小别墅,住在里面的长老有小沙弥伺候,还有汽车代步。

云石寺的佛殿完全按照西方建筑样式建造,石阶、石柱、石壁、拱门仿照西方厅堂,气势恢宏,高大挺拔,但屋顶为泰国传统庑殿式大屋顶,多层重叠,斜度很大,描金彩绘,龙凤角、凤尾、山墙人字板上布满各种装饰。地面铺嵌大理石的工程由意大利工程师负责。同时它还借鉴中国寺庙建筑的布局,除了具备中国寺庙的三大建筑——佛殿(僧侣聚会之地)、佛堂(举行宗教仪式的场所)和经堂(居士们诵经之所)外,还有藏经阁、钟楼、僧寮和佛塔。大批华人工匠参加了泰国寺庙的修建,华人工匠擅长砌砖和泥灰工艺。而泰国工匠则擅长木雕。

卧佛寺(Wat Pho) 又名菩提寺,与大皇宫毗邻。寺中供奉的卧佛建于 1832 年,佛身长 46 米,通体贴金,眼睛及脚掌用珍珠镶嵌,脚掌巨大,表现 108 个吉运特征。它是曼谷最大的寺庙之一,现为泰国公共教育中心,以培训泰式按摩最有名。

大舍利寺(Wat Mahathat) 位于王家田广场西边,与玉佛寺隔着广场遥望。这是泰国最大佛教宗派大众派(Mahanikai)的总部,玛哈朱拉隆功大学亦在这里。其佛殿规模为全泰国之最,为伽蓝之翘楚。

金佛寺(Wat Trimit) 位于曼谷唐人街耀华力路(Yaowarat)尽头。该寺供奉着一尊巨大的金佛,用 5.5 吨黄金铸成,据说大约铸于 700 年前。佛像呈坐姿,原先用泥灰包裹着,人们以为是一尊常见的泥塑像,不太在意。后来在一次搬运中,泥胎意外脱落,方露出金身。当地华人筹巨资,建庙祀之。

素泰寺(Wat Suthat) 位于曼谷班轮木昂路(Bamrung Mueang),建于 19 世纪曼谷王朝初期。该寺以拉玛二世时期制作的门窗上的精美木雕而闻名。镂空雕刻有门神、花卉,刀工精细,栩栩如生。还有一些泥灰浮雕,形象生动,活灵活现。正殿供奉的主佛,浇铸于 13 世纪素可泰时期,迄今已有 700 余年。佛高 8 米,置于 6 米高的基座上,蔚为壮观。寺院的回廊上,陈列着许多姿态各异的佛像,为不同历史时期塑造的精品。寺门外耸立的秋千架,建于 18 世纪,供婆罗门教徒举行恭迎天王仪式时使用。

萨凯寺(Wat Saet) 又名金山寺,位于曼谷拉查丹农大街的一座小山丘

金山寺

上。这座小山丘是人工堆砌起来的,被称为金山。山上有一座高达58米的佛塔,塔下建寺。沿318步台阶拾级而上,可达山顶。登山俯瞰,曼谷景色尽收眼底。

拉查波比托寺(Wat Ratchabophit) 曼谷王朝拉玛五世耗时20余年修建的王寺。当时正值拉玛五世大力推行向西方学习的开放改革时期,寺庙的建筑风格也大量借鉴西方样式,特别是仿照法国的凡尔赛宫,再掺进泰国的民族元素,将东西方文化完美融合。墙上贴的瓷砖产自中国,窗棂的象牙装饰为泰国独有,大厅悬挂的水晶大吊灯,尽显西方气派。所有这些,使该寺成为佛教寺院中的精品。

黎明寺(Wat Arun) 位于湄南河吞武里岸。相传1767年,缅军围困阿瑜陀耶城时,郑信率500名泰华士兵突围而出,乘船来到这里刚好

黎明寺

天明,故称之为黎明寺。郑信建立吞武里王朝后,以此作为王寺,故又叫郑王庙。

法身寺(Wat Phra Dhammakaya)距曼谷20多千米,是当代泰国修建的规模最大的一个佛教道场,长驻僧尼信众1 000多人。法身寺占地面积1 000英亩(1英亩合约0.004 047平方千米),主要建筑有:大法身塔、大宝墙、国际法身禅堂、祖师纪念堂、斋堂、詹·孔诺雍老奶奶百年纪念大楼、詹·孔诺雍老奶奶纪念堂、大雄宝殿。其中除大雄宝殿维持泰国传统的寺庙建筑式样外,其余皆是现代化的建筑。

大法身塔是一巨型的半圆形建筑,与印度的圆顶佛塔相似,象征佛、法、僧三宝。大法身塔的圆顶及斜坡部分,是佛宝区。其外部由30万尊佛像组成,内部供奉着一尊重14吨的纯银佛像。塔内外共安放着100万尊金色佛像。佛宝区以下部分称为法宝区,用白石板铺就。最下层的环形台阶区就是僧宝区,可供1万名比丘同时打坐。大法身塔四周的广场可容纳40万信众。

大宝墙,是围绕着大法身塔的双层四方形的禅堂,周长4千米,可容纳60万信众,是佛门信徒举行宗教活动和共修的圣地。

国际法身禅堂,是两层多功能禅堂,可同时容纳30万人,有千余宝座供比丘打坐。下层是停车场、洗手间和服务中心。

祖师纪念堂,安放着祖师爷帕蒙昆贴牟尼的纯金浇铸像,供信众瞻仰致敬。

斋堂,为常驻僧侣和来寺里修行的居士提供免费的早餐和午餐。泰国的出家人过午不食,所以不提供晚餐。

詹·孔诺雍老奶奶百年纪念大楼,是法身寺和法身基金会的办公大楼。内设法胜大学、巴利文学院。

詹·孔诺雍老奶奶纪念堂,安放着纯金制造的詹·孔诺雍老奶奶金像和盛有她的舍利的微型金塔。

大雄宝殿,既保持泰国传统寺庙的建筑式样,又融入现代建筑的元素。寺前的四柱廊有古罗马建筑的风味,又带着泰国寺庙寺前棚楼的特色,大气、端庄、稳重。

法身寺大法身塔

第四节　历代佛塔

一、泰国佛塔概说

佛塔产生于印度，是伴随佛祖涅槃才出现的。佛祖灭度后，弟子哀思，置塔以保存佛舍利。塔梵名 sthupa，意为坟冢上面的建筑，中文译为窣堵坡。锡兰（今斯里兰卡）称之为 Dagoda，意为安放舍利的场所；缅甸称塔为 Paoda，大概从锡兰的 Dagoda 而来，中文译为大瓜巴。泰国则称塔为 Chaidi，中文译为斋滴，可能是从 Caitya（支提）而来，因为古代锡兰称围绕着主塔的小塔为支提。中国西藏的喇嘛塔称为 Chorten，汉译乔尔天。日本的佛教属北传佛教，佛塔由中国经朝鲜传去，所以日本佛塔称为窣堵坡或塔婆。

佛塔一般由五个部分组成：一是台，又称台基，或方或圆，是塔的基座。二是覆钵，又称覆钟，台基上面的半球部分，状如倒翻的钵或钟。三是平头，亦称宝座，置于覆钵上的方箱形建筑，周围绕以栏楯。后世常于平头周围造龛，安置佛像。四是竿，用以标示此是圣地。五是伞，即华盖，建于塔顶，数目从一重至十三重，数目多寡标示悟道深浅。

泰国主要佛塔图 1

第四章　泰国的佛教艺术　87

泰国主要佛塔图 2

建于方台基上的覆钵式塔

佛塔大致分为四类：

舍利塔。用来存放佛骨舍利或国王、高僧的骨灰。

纪念性塔。建在佛诞生处、悟道处、初转法轮处、涅槃处。

藏经塔。收藏三藏经典和宣扬苦、集、灭、道四圣谛。

奉献的塔。用以奉献给佛祖，没有规定一定要建成什么式样，比如说，可以建一个佛座奉献给佛祖。

根据塔的整体外观和形状，则可以分为覆钵式塔（覆钟式塔）、方形塔、八角式塔和宫殿式塔。

根据塔的地位和作用，分为主塔和副塔、列塔。主塔是一座寺里最重要的塔，其规模比同一寺里的其他塔都大，地位突出，以它为主；副塔是主塔四周的小塔，是主塔的陪衬；列塔散布在主塔周围，距离主塔的位置较远，不如副塔跟主塔那般亲密。

塔的建筑材料因地制宜，有木塔、砖塔、铁塔等。

以建筑年代和风格分为堕罗钵底式塔、三佛齐塔式塔、吉蔑式塔、兰纳泰式塔、素可泰式塔、阿瑜陀耶式塔、曼谷王朝式塔。

如果说寺庙是佛及僧侣生前的住所，那么佛塔则是他们涅槃和圆寂后的永久归宿。佛塔的存在价值在于它的象征意义和纪念性。不同民族、不同时代的人都按照他们的理解方式、价值观念、审美意识来修建佛塔。泰国各个时期修建的佛塔，既有传承关系，又有鲜明个性，并凸显出时代和地方特点，是泰国佛教艺术的一朵奇葩。

二、堕罗钵底式塔——佛统大金塔

佛统大金塔坐落在泰国佛统城，是佛教最早传入泰国的标志性建筑。此塔建于何时？何人所建？虽无确凿答案，但学术界一致公认其年代久远，是泰国极古老的佛塔之一。曼谷王朝拉玛六世时期的著作说，此塔建于公元前

287年,虽不足遂信,但可供参考。初建者肯定是一位很有权势的人,否则不能动用如此巨大的财力和人力,修建如此雄伟壮观的佛塔。最早的塔形呈覆钵式,上面有华盖和禅座,跟印度憍尝弥城的佛塔一样,带有明显的堕罗钵底式佛塔的特征。早期的佛统城靠近海边,由于泥沙淤积,河水改道,该城一度荒废。我们现在看到的佛统大金塔是拉玛四世下令重建的。为保存文物古迹,先复制一座原塔,放在南边,然后又在原塔的外面建一锡兰式大塔,把原塔包裹在其中。这项工程于1853年动工,至拉玛五世时期的1870年才竣工。塔高120米,金碧辉煌,美轮美奂,几千米外便可看见塔尖,听到塔上的风铃声。

三、三佛齐式塔——帕波罗麻它佛塔

帕波罗麻它佛塔位于泰南猜也府,大约建于757年,正是三佛齐王国鼎盛之时,其统治范围从苏门答腊扩大到马来半岛的猜也一带。由于三佛齐信奉大乘佛教,故该塔亦属大乘教派。这是现今泰国保存最完整的一座三佛齐式佛塔,除塔顶坍塌重修外,基本保持旧貌。从埋在地下的塔基至塔顶高24米,建在一个近似四方形的台基上,台基东西长13米,南北宽18米。塔前有石阶直通北门,信众可拾级而上参拜塔里的佛像。砖砌的佛塔内壁没有涂抹泥灰,呈锥形砌至塔顶。其余三个方向的塔门被堵死,只开放北门。从外面看,3层塔檐,依次向上,逐渐缩小。每层有8座模拟小塔,共计24座。莲花瓣形的塔颈以上,是一个八角形的覆钟。覆钟的上面是宝座、莲花饰物和塔尖。原来的塔尖是银的。塔尖上端是金华盖,计3层,银制包金,重82铢3沙楞(泰国古代重量单位,1铢等于4沙楞,折合公制15克)。因原件被盗,1938年寺方用镀金件代替。现今又重制金华盖置于其上。该塔的纹饰独具特色,拱门上纹饰为马蹄形,这种马蹄形装饰还置于每层塔

帕波罗麻它佛塔

檐上。

拉玛六世时期管理建筑事务的官员披耶塔纳吉拉沙1915年随国王南巡时写了一本《随驾南巡记》,说:"猜也的帕波罗麻它佛塔比洛坤的佛塔小,塔基在地面之下,为四方形,周围积水,但用砖砌成坝把水挡住。塔基上有几座拱形门,门上额正面是佛像和五世王的王徽,背面是天神合十的图案,两侧有三只瑞象和孔雀,还有狮子、半龙半鳄的怪兽和蝴蝶,新旧图案错杂。再上去是圆形塔身。塔尖是包金的,有三重华盖。"

由于帕波罗麻它佛塔显示了三佛齐式佛塔的风格和魅力,故受到泰国政府的高度重视,1934年泰国艺术厅宣布该塔为全国重点文物保护单位。

三佛齐式的佛塔除了在猜也、洛坤一带发现外,泰北素可泰王朝的陪都塞察那莱也有一座保存完好,清迈菩提寺也有一座。说明三佛齐艺术的影响一直传播到泰北地区。

四、吉篾式塔——帕侬诺石宫

真腊是吉篾人建立的国家,13世纪以前一度十分强大,现今泰国的大部分地区皆置于真腊王国的统治之下。1238年泰人推翻了吉篾人的统治,建立素可泰王朝,真腊开始走向衰败。但真腊的佛教艺术对泰国产生了重要的影响。

吉篾式塔是真腊时期留下的建筑,柬埔寨语称之为"巴刹"(Brasat)。它原是婆罗门教的庙宇,后泰人模仿其主塔建为"巴朗"(Balang)。这种"巴朗"塔和泰人称作"斋滴"(Chaidi)的佛塔有明显不同,其塔的上截犹如一根玉米,或者说像一个菠萝。最典型的代表是柬埔寨吴哥寺耸立的五座塔,它的图案已作为国家和民族的象征印在柬埔寨国旗上。根据泰国皇家学术部编纂的《泰文辞典》的解释,巴刹是指有尖顶的建筑物,译成英文为Castle,含有宫殿的意思。因此泰国华人将其译成中文"石宫"。过去习惯将吴哥译成吴哥窟,其实不妥,石宫并非石窟。已故泰国华人作家黄病佛在其著作《锦绣泰国》中介绍披迈石宫时说:"披迈石宫的用途,为政府官邸与孔族(吉篾)所崇奉的婆罗门教庙宇。"这种石宫除了柬埔寨本土外,还广泛分布于泰国武里南府等,以及泰国东部、东北部、东南部和中部。据笔者不完全统计,在被称为上高棉地区的武里南府有石宫9座、素辇府4座、四色菊府4座;东部的乌隆府2座、呵叻府2座、猜也奔府1座;东北部的黎逸府3座;东南部的巴真武里府1座;中部华富里府2座。

吉篾石宫(Brasat)与泰式寺庙(Wat)的建筑形式及内涵都不相同。石宫用巨石堆砌而成,屋顶、塔尖、长廊、门框、窗棂等一切建筑材料都是石材,装饰的图案、花卉、动物、人物等统统是石雕;而泰式寺庙是砖木结构。石宫的塔和殿是融为一体的;泰式寺庙的塔是塔,殿是殿。究其内涵来说,石宫是婆罗门教的神庙,供奉的是湿婆、毗湿奴;泰式寺庙是佛教道场,供奉释迦牟尼。石宫的建造者和主人是吉篾族;泰式寺庙的建造者和主人是泰族。

在泰国现存的吉篾石宫中,以帕侬诺石宫最负盛名。帕侬诺石宫坐落于武里南府的帕侬诺死火山上,其建筑年代早于真腊的首都吴哥城的建造,10—13世纪都有增修扩建。15世纪以后真腊灭亡,作为真腊遗址之一的帕侬诺石宫也渐次荒废,直到1957年泰国艺术厅进行文化古迹普查时,才引起重视。此后又过了十年才争取到修复专款,1989年修复竣工。联合国教科文组织将其定为世界文化遗址加以保护。

帕侬诺石宫由七个建筑部分组成:主塔、神堂、砖塔、小塔、藏经室、拱门、长廊。其中主塔是建筑群的中心和最重要的部分,所以泰人就根据吉篾主塔的样式将其改造成带有吉篾文化特点的称为"巴朗"的佛塔,并在泰国迅速流行起来。无论是素可泰时期,还是在阿瑜陀耶时期,抑或是曼谷王朝时期,都大量修建有"巴朗"。

巴朗

五、兰纳泰式塔——清盛柚木寺塔

以泰北清盛、清迈为中心的兰纳泰是泰人建立的一个地方政权,发轫于11世纪,其间时而被缅甸侵占,时而归泰国管辖,直到1767年才被吞武里王郑信纳入泰国版图。

兰纳泰时期的佛塔受印度的影响很深,以清盛柚木寺的佛塔为代表。塔的底座呈四方形,并层层向上叠起。底座的四面有拱形佛龛,佛龛里供有佛像。作为塔身的四方体四周亦有佛龛和佛像。唯有塔尖变为圆锥体,直指云端。

清迈斋滴隆寺的舍利塔,是兰纳泰佛塔的另一类代表。此塔高98米,宽54米,建于1481年,在1545年的地震中塔尖被震毁,只剩下42米高的塔基和首层。尽管如此,经历了数百年沧桑,阅尽人世兴衰后,它依然保持着伟岸的英姿。兰纳泰时期的覆钵式塔曾风靡一时,覆钵式塔底座为四方形,往上是多层莲花瓣的塔身,覆钵罩在其上。覆钵之上耸立着烟囱状的圆管和多重华盖。塔的基座显得比覆钵重要,因为基座上有大象、佛龛和花纹装饰。塔的上端蒙以黄铜,在阳光照耀下金光灿烂。

七座宝塔是兰纳泰时期佛塔的精品,坐落在离清迈城四千米的柴右寺,仿印度 Phuttak 佛塔的建筑结构,又类似藏传佛教的金刚塔。四方形塔座上建有七座小塔,塔座四周有一连串的佛像,端庄稳重,造型奇特。

六、素可泰式塔——莲花形佛塔

13世纪,泰人在膺它沙罗铁领导下,从吉篾人手中夺取素可泰城,建立素可泰王朝。在宗教信仰方面,素可泰王朝有意从锡兰引进小乘佛教,以区别于吉篾人信奉的大乘佛教。素可泰的佛塔建筑,既有吉篾式的"巴朗",又有印度式的佛塔。素可泰的"巴朗"在仿造吉篾石宫的基础上,加上了自己的元素,一般说来都建得比较高,用重叠的莲花瓣装饰,塔体四周的拱门挨得很近,显得十分紧凑。塔的正面有石阶伸出来,供人攀登。素可泰式塔仿印度式塔是方形塔,底座很高,塔身四周的拱门很坚固,覆钵形的

莲花形佛塔

主塔周围有四个副塔，把印度的方塔与锡兰的覆钵塔融为一体。在吸收外来文化的基础上，素可泰工匠创造的真正称得上素可泰式样的佛塔，是一种名叫饭团花球的佛塔，或者叫莲花形佛塔。因为塔的上部犹如一朵饭团花或莲花。

七、阿瑜陀耶式塔——帕希讪派寺三塔

阿瑜陀耶时期的佛塔以吉篾式的"巴朗"最为常见，还有方楞式塔，以后又流行锡兰的覆钵式塔。

为什么吉篾式的"巴朗"会在阿瑜陀耶时期广泛流行？因为这段时期阿瑜陀耶王朝与真腊王国的政治力量对比发生了变化，真腊逐渐衰落，一些原系真腊统治的地盘落入泰人手中，吉篾工匠和大量的人力、物力皆被阿瑜陀耶王朝所用，包括佛教艺术在内的吉篾文化得以继承和发扬光大。如今，我们在阿瑜陀耶历史文化公园里，举目可见吉篾式的"巴朗"。

阿瑜陀耶时期还建了许多方楞式塔。方楞式塔直接从印度佛塔演变而来，塔基为方楞形，也称为四角十二曲塔。阿瑜陀耶王朝征服柬埔寨以后，便时兴建方楞形塔来纪念其赫赫战功。

阿瑜陀耶时期最著名的覆钵式塔是帕希讪派寺的三塔。波隆摩罗阁三世即位以后，修了两座塔纪念先王。他逝世后，其子又为他修了一座塔，合称三塔。三塔里存放有他们的骨灰。三塔曾被盗，泰国艺术厅工作人员赶到后，从塔底发掘出一些文物。

帕希讪派寺三塔

八、曼谷王朝式塔

曼谷王朝时期的佛塔集以往各时期佛塔建筑艺术之大成，创造了五彩缤纷、千姿百态的精

黎明寺塔

品佛塔。其中以大皇宫的佛塔和黎明寺塔最让人称道。大皇宫里荟萃了覆钵式塔、方形塔、八角式塔和宫殿式塔等各式各样的造型,集中了各时期佛塔艺术之精华,堪称泰国佛塔的博物馆。

黎明寺塔俗称郑王塔,坐落在曼谷对岸的吞武里,塔高 79 米,为吉篾式,塔尖呈杨桃瓣形,塔底有金刚力士托塔,塔身镶嵌有小镜片,阳光一照,金光灿烂,俨然曼谷的地标,亦是纪念郑王驱缅复国历史的一座丰碑。

第五节 历代佛像

一、佛像概述

佛教三宝之中,主角是佛。因此,佛理所当然地成为佛教艺术必须表现的主角,于是有了佛像。

如前所述,佛像出现于 1 世纪前后,即印度的贵霜王朝(Kusak)时期,发源地是马朱拉(Mathura)一带。其后印度受到波斯、希腊文化的影响,形成犍陀罗艺术。佛像的制作,仿希腊神像的制作方式,从脸型、发式到衣褶,全然是希腊模式。有人将犍陀罗佛像的特点归纳为:欧洲发式,希腊鼻子,波斯胡子,罗马长袍,印度薄衣,袈裟透体。

4—5 世纪,孔雀王朝的后裔犍陀罗笈多(Chandragupta)召集雅利安的藩侯,在恒河流域称霸,于 320 年建立笈多王朝。十年之后,犍陀罗笈多统一北印度,并将权力的触角延伸到南印度。这是印度佛像艺术最辉煌的时期,形成了笈多佛像的特殊风格。该时期把佛陀弯曲的头发变为印度珠宝帽的形式,被后人称作释迦头。衣服由宽敞变为合身,由多层变为单层。腰部由粗变为苗条,呈女性化趋势。眼帘下垂,表现出安宁静谧的气氛。

泰国的佛像制作大概始于 6 世纪,经历了堕罗钵底时期、三佛齐时期、真腊时期、兰纳泰时期、素可泰时期、阿瑜陀耶时期、曼谷王朝时期,历时 1 500 多年,是一段漫长而辉煌的佛像艺术发展史。它在吸取印度佛像艺术营养的基础上,融入孟族、高棉族和泰族的民族特色,最终形成泰国自己的佛像艺术风格。从佛像的制作材料来说,最初的泥灰、

泰国发现的印度早期佛像

第四章 泰国的佛教艺术 95

泰国主要佛像图1

96　泰国佛教史

泰国主要佛像图 2

铁矾土,逐渐发展为石材、木材、青铜;从贴金演变为纯金;从石雕提升为玉雕。制作的材料越来越珍贵,反映出统治者对佛像的重视程度在不断提高。佛像的体积也由小变大,以至发展为超大,以彰显佛的伟大。从佛像的造型来看,不同时期、不同地区的佛像有不同的个性和特点,但都遵循着一条人性化、平民化发展的道路。尽管有一段时间出现了"君王形"的佛像造型,把佛像装扮得像君王一样,穿戴华丽,比常人富贵,但君王也仍然是人。泰国的佛像不像婆罗门教的神祇那样有三头六臂,显示超人的神通。泰国的佛像总是面带微笑,和蔼可亲,由此让人想到泰国的国民性。泰国人乐善好施,性格平和,不喜争斗,与人为善,嘴角边总挂着泰国式的微笑,这难道跟他们崇信佛教没有关系吗?反过来也可以这样说,泰国佛像的造型体现了泰国的国民性。所以我们说,佛是天上的人,人是地上的佛。这与"人皆可以成佛"的佛教教义相吻合。

二、堕罗钵底时期的佛像

堕罗钵底时期的佛像受印度笈多时期佛像艺术的影响较深,基本上看不

堕罗钵底的众生佛

到印度贵霜王朝时期流行的希腊神像的样式,脸庞也从欧洲人的面孔变成了印度人的面孔。佛像传到泰国地区后,因当时统治这一地区的民族是高棉族,佛的面孔也变成高棉族的方形脸厚嘴唇。正如佛教北传到中国后,佛的相貌也逐渐中国化一样。因为随着佛教理论的完善,释迦牟尼从"释迦族的圣者"转变为"佛",佛就是智者、觉者,包括自觉、觉他和圆觉三部分,不管是谁,只要达到这个境界,便可成佛。因此佛的面孔也自然从释迦族变为其他任何一种民族。在佛像制作过程中,信众根据自己所属民族的相貌特征改变佛的相貌,不仅适合他们的民族心理习惯,也符合佛教的信条。佛统博物馆保存着早期堕罗钵底的众生佛。

堕罗钵底佛像的制作材料有：

泥灰。用泥加一定比例的石灰,增加黏度和可塑性。这一时期常见泥灰塑的佛头、佛像和深、浅浮雕。

石材。用石头雕刻佛像,比泥塑耗费工时。

青铜。青铜浇铸的佛像有坐姿、立姿和卧姿,形态各异,表情丰富,形象生动。

堕罗钵底佛像艺术的特点是：佛像的造型一般为椭圆形的脸,瘦削的鼻,厚嘴唇,丰富的面部表情,头顶有角椎状的肉髻。佛陀身着的袈裟,轻薄透明,如同刚从水里捞出来一样,因此被称为出水佛衣,即使用坚硬石材雕刻出来的或用金属浇铸的佛像,也可以感受到佛衣轻薄透明的质感。这正是它的艺术魅力之所在。

金属浇铸的佛像

三、三佛齐时期的佛像

三佛齐是7—14世纪称雄东南亚的一个强国,信奉大乘佛教,供奉菩萨,故该时期制作了许多菩萨像。在猜也、洛坤等地发现的三佛齐时期菩萨像,在泰国其他地区很难找寻。

三佛齐的菩萨像通常以青铜或石料制成,最常见的是观音菩萨像,呈男性,貌似君王,衣着装饰华丽,神态慈祥,显示大慈大悲、救苦救难的菩萨心肠。

压模小佛像又叫佛牌,泰语称为帕匹姆(Phra Pim),是用泥土制成的小护身佛。泰国人自来喜欢制作小护身佛,藏于山洞、佛塔内,或放在纯金的小佛龛里、作为项链的坠子随身携带,以求平安。各时期的压模小佛像都有自己的特色,堕罗钵底时期用黏土制成,加温成陶;素可泰、兰纳泰和阿瑜陀耶时期用陶土或金属做成;三佛齐时期则用生灰土,不加烧制。据说制作时按大乘教派的规矩,在泥土中掺了高僧的骨灰,这样做是为了圆满已逝高僧的功德,并赋予小护身佛驱灾禳祸的神奇功能。

学者们总结三佛齐佛像的造型,提出了一些值得注意的特点,例如佛像的额头圆而光滑,没有螺状的发髻,前额饰做成菩提树叶形或花边形;所穿的袈裟,外层宽大,衣褶整齐,内层僧衣在胸前重重折叠,系以束胸带;内层僧衣和外层袈裟一样,是用一块大布折叠而成,是未经缝纫制成的衣裳;佛头上的大智印如火焰状。

四、真腊时期的佛像

真腊是吉篾人建立的国家,是雄踞东南亚的大国。6世纪中国人就知道这个国家,并称之为真腊。真腊人则自称为吉篾或甘孛智。

如今在武里南府、素辇府、四色菊府及邻近一些府,还保留着一些早期真腊时代的宗教遗迹。真腊佛像最显著的特点是,佛的脸型变成了吉篾人的方脸厚唇。

现存泰国最早一尊真腊时期的石雕神像是在四色菊府发现的,系6世纪的作品,可惜头和手臂已缺损,只留下身躯。其身体健硕,上身赤裸,下身袭一筒裙,一如吉篾人装扮。现存于白菜园王宫博物馆。

真腊时期的重要文物还有一组青铜浇铸的菩萨像,年代在7—8世纪,发现于武里南府巴空猜具。其中一尊菩萨高47厘米,还有一尊高137厘米。菩萨是大乘教派供奉的神。所谓菩萨,就是"觉悟了的众生",是仅次于佛的果位。

11—12世纪的真腊佛像多为小乘教派,故很少见

三佛齐菩萨像

真腊时期的佛像

到菩萨像,而是以佛像为主。佛像的造型出现了各种款式。有一尊纳伽(Naga)护顶的佛像,堪称这一时期佛像艺术的代表。佛的面部表情比较严肃,面庞如吉篾人的方脸,螺髻状的卷发如一顶王冠,头顶上的椎状火焰变成了王冠的饰件。佛结跏趺坐于纳伽盘卷起来的蛇身上,七头的纳伽像轮盘一样遮在佛头上。

纳伽,俗名七头(多头)蛇精,是毗湿奴的坐骑。周达观《真腊风土记》说是九头,可能是记忆的错误,也可能中国人以九言其多,并非具体数字。实际上我们现在看到的纳伽造像多为五头或七头。纳伽原是婆罗门教崇拜的对象,后来变成佛教的护法。据说有一次释迦牟尼在讲经,遇上下雨,纳伽爬到佛祖头上遮雨。所以小乘佛教有佛祖坐在纳伽身上的佛像。

在华富里发现的12世纪以后的佛像,在佛额发际的边沿都有一条凸边,头发梳成髻,由三层重叠的莲花瓣形成头顶的环,其光芒呈小玻璃球状。佛像嘴角微笑,斜披袈裟,袈裟从左肩一直披到腰际,袈裟的边剪成直线。佛盘腿坐在莲花座上。

华富里还发现许多青铜小佛像,大部分是12世纪以后的作品。如著名的三尊青铜小佛像,大概就是大乘佛教的法身佛、报身佛和应身佛。此外,还有一些菩萨像、婆罗门教的神像等。

真腊时期的模压小佛像有陶土和金属浇铸两种,其制作年代约在12世纪。华富里发现的模压小佛像往往有方形塔作为装饰。

在真腊时期遗留下来的佛像文物中,也有真人的造像,如在柯叻府的披迈石宫中就发现真腊国王阇耶跋摩七世(Jayavarman VII,1181—1291年在位)的石雕像。这反映出王权与神权的结合,王者乃佛陀之转世。这种情况,在北传佛教的中国也时有所见。唐朝女皇武则天利用弥勒佛的信仰为其登基制造舆论,自称是弥勒佛转世,龙门石窟的弥勒佛像的脸孔就是按武则天的相貌雕塑的。

五、兰纳泰时期的佛像

兰纳泰是13世纪以清迈城为中心的由泰泐(小泰)族建立的一个地方政权,中国史籍曾称之为八百媳妇国。嘉靖年间(1522—1566年)被缅甸兼并,1767年泰国吞武里王朝郑信将其收复,纳入泰国版图。

清迈是"新城"的意思,在1296年清迈建成并被定为首都之前,兰纳泰的政治中心在清盛。伴随着小乘佛教的传入,印度的佛教艺术也同时传入这一地区。在吸收外来艺术的基础上,清盛逐渐形成独特的佛教艺术风格。清盛佛像制作的特点是,身体不太丰腴,不像南印度朱拉地区制作的佛像那样健硕;经常做成坐佛,用青铜浇铸,也有用玉石、翡翠或彩色石头雕琢的,少见泥灰或铁矾土的塑像。泰国的传世国宝碧玉佛大概就是在这段时期制作的。此外,还发现了"君王形"的青铜像,以及用名贵檀香木制作的佛像。

六、素可泰时期的佛像

13—14 世纪的素可泰王朝,将佛像造型艺术推向一个新的高度。这一时期的佛像一般具有如下特征:佛头上有火焰状光芒,发髻较小,鸭蛋形的脸,柳叶状的眉,鹰钩鼻(按照印度人常见的样式),嘴带微笑,手臂如象鼻,四根手指一样长。其代表作是一尊姗姗而行的青铜塑像。佛陀行走时的潇洒姿态,轻盈的步伐,被塑造得活灵活现。

兰纳泰佛像

从造型艺术的角度可以把素可泰时期的佛像归为四类:

最常见的一类,具备素可泰佛像的各种特征:佛头上面有火焰状光芒,发髻较小,鸭蛋脸,柳叶眉,鹰钩鼻,嘴带微笑,披袒右肩,袈裟从左肩斜挂下来直至肚脐,袈裟的边沿参差不齐。佛的姿势常作降魔式,即盘膝而坐,右手放在腿上。

甘烹碧府的佛像。其特点是佛的脸呈"甲"字形,额头宽阔,下巴尖削。

耆那教佛像。佛脸型较圆,身体粗壮结实,四根手指一般长。这种佛像出现于素可泰王朝利泰王时期,即 14 世纪中叶或稍后。

达观寺佛像。清盛和锡兰艺术的结合。造型特点是佛身披短袈裟,褥垫很窄,但佛像和佛座不属素可泰式,因其首先在素可泰旧城的达观寺发现,故称之为达观寺佛像。达观寺佛像属于早期素可泰佛像,明显受锡兰佛像的影响。

素可泰历史文化公园保存了素可泰王朝首都大量的佛寺和佛像的遗迹,这些佛像堪称素可泰佛像艺术的精品。

希初寺的佛像是一尊泥塑巨型坐像,呈降魔式。素可泰时期的碑铭称其

为"不可动摇之佛"。最初的设计是将佛像置于寺正中的明亮透光处,即平时安放佛塔的位置。后来有人建了一个尖顶的宫殿式建筑,把佛像围入其中。为了让大家看得见佛像,便在正面墙壁上开了一个大孔,从很远的地方便可望见佛端坐在宫殿中。佛像前的主殿原是一个正方形的藏经阁,现已倒塌。透过狭窄而高长的门洞,正好看见佛微睁双目,面带微笑,一副安然慈祥的样子,同时又透出自信自在,无私无畏的气概。这是素可泰时期佛寺、佛像的经典之作。

这座佛殿宽 32 米,高 15 米,墙厚 3 米。墙的左边有一地道,可以通到佛像的背面,并可沿地道爬上屋顶。传说佛像会说话,如果有人藏在佛像背后便可以听得见。地道的天花板用 50 多块石板镶嵌而成,上面镌刻着佛本生经的故事。宫殿的屋顶是木质的,现已坍塌。宫墙的

素可泰时期的佛像

右边也有一条地道,可惜已损坏。一条人工运河将整座西初寺围绕起来。

搓良城玛哈它佛寺的一尊姗姗而行的佛像,是素可泰佛像艺术的另一典型代表,它将佛陀塑造得十分平民化:赤足而行,步履轻盈,像是在外出化缘。一反传统佛像造型不是正襟危坐,就是昂然直立的姿势,显得格外亲切。佛的面孔安然慈祥,手臂犹如象鼻,袈裟飘逸潇洒。

玛哈它寺东边的一尊大佛被称作阿沓罗佛(Atthrot),这尊佛高 18 肘(18 肘折合约 9 米),"阿沓罗"在泰语里是 18 肘的意思,故名。素可泰时期,曾一度流行建 18 肘高的大佛,素可泰历史文化公园现存阿沓罗佛有三四尊。

在玛哈它寺中央塔的塔座上,有一排泥灰塑的行走的佛。佛双手合十,列队跣足,颇有动感,使人看到佛孜孜不倦,忙于教化民众的神态,是素可泰时期的佛像杰作。

七、阿瑜陀耶时期的佛像

1350—1767 年是泰国历史上的阿瑜陀耶王朝时期。阿瑜陀耶王朝在长达 417 年的时间里,留下了大量的佛像。王朝初期的佛像,受素可泰和吉篾(真腊)佛像制作的影响较深,直到拉玛铁菩蒂二世时期,才真正形成阿瑜陀

耶佛像的艺术风格。

1. 阿瑜陀耶初期的佛像造型

1350年乌通王建都阿瑜陀耶城的时候,从华富里带去了大批工匠,所以这段时期的佛像造型融合了华富里、堕罗钵底和阿瑜陀耶的艺术风格。表现在坐佛的造型都是静心禅坐的姿势,做工精致,不像吉篾佛像那样做工稍粗糙。佛的身体壮实,方形脸,额头宽阔,额际与头发之间有明显的界限,口角撑开。此时既有石刻雕像,也有泥灰塑像和青铜浇铸像。

2. 阿瑜陀耶第二阶段的佛像

从1453年波隆摩·戴莱洛迦纳王占领彭世洛城以后,阿瑜陀耶王朝的统治势力延伸到素可泰城附近,原先的素可泰王朝已经成为阿瑜陀耶王朝治下的一个地方政权,这时期的佛像造型艺术不可避免地受到素可泰佛像艺术的巨大影响,戴莱洛迦纳王本人也曾剃度出家,并派高僧去锡兰学习。由于国王对佛教的重视,这段时期造了很多佛像,虽然出自阿瑜陀耶工匠之手,但基本上沿袭素可泰佛像的样式。佛像面孔庄严而富有生气,不过其内涵及精神气质还是不如素可泰时期的佛像。

3. 阿瑜陀耶第三阶段的佛像

从1530年以后的100多年时间里,真腊(吉篾)成为暹罗的属国,吉篾的佛像造型艺术也传入阿瑜陀耶。但总体来说,这一时期的佛像造型艺术没有太大的发展,这是因为泰国工匠的注意力放在学习吉篾的建筑艺术和绘画美术方面去了。在佛像制作方面,该时期比较多地选择用铁矾土作为制作材料。所谓铁矾土是泰国特有的一种黏土,因含有铁、矾等矿物质,在地下时呈柔软状态,挖出地面后很快就会变硬,常用来做佛像或建筑寺庙用的砖。阿瑜陀耶第三阶段佛像的特点是,佛眼是双眼皮,佛的嘴唇肥厚,长相介于泰人和吉篾人之间。

这段时期的泥塑佛像有了一个重要的改变,即出现了一种"君王形"的佛像。这种佛像按人间君王一样穿着打扮,头戴王冠,佩戴装饰品。有一类佛像佩戴的珠宝金饰比较多,另一

君王形佛像

类则只有少量的璎珞金钏。出现这种现象的原因是吉篾的君王自诩是因陀罗神转世，故尔神像也一如君王的打扮。阿瑜陀耶的国王向吉篾国王学习，也自称是佛陀下凡，本意是使神权与君权合二为一，结果却带来佛像装饰上的华丽变化，就连佛座及其装饰也发生了改变，变得高大，饰以漂亮花纹，显示出佛如帝王般凛然不可侵犯的气势。

值得注意的是，"君王形"佛像在泰国信奉大乘教派的时候被称为佛，在改信小乘教派后被称为菩萨。因为是代表国王对臣民进行统治，所以多数佛像施无畏印，其中举双手称禁海式，单举右手称禁亲式，单举左手称禁檀香木式。

4. 阿瑜陀耶第四阶段的佛像

这一阶段经历的时间很短，从 1732 年摩诃·昙摩罗阇二世（Maha Tammaraja II）即位，到 1767 年阿瑜陀耶王朝灭亡，只有短短 35 年，但却是阿瑜陀耶佛像艺术的登峰造极时期，真正形成了具有独特个性的阿瑜陀耶佛像艺术：佛像佩戴许多装饰品，增添许多纹饰，以至显得有些凌乱。这段时期非常重视雕塑和造型艺术的装饰，无论是木雕或泥塑，都要贴金，或者用碎玻璃片进行装饰，使其更加美观漂亮。

阿瑜陀耶历史文化公园是 1767 年被缅军焚烧后留下的一片遗址，保留着皇宫、寺庙的断壁残垣和许多完整或破损的佛像，是阿瑜陀耶时期佛像艺术的一个天然展室。

1767 年，阿瑜陀耶王朝首都被缅军焚烧后，众多佛像被毁坏，佛头散落于地。有些小榕树在佛头旁边生长，随着岁月流逝，浓荫蔽日，根系繁茂，遂将佛头包容，仅露出佛的面庞。这与其说是奇特的景观，倒不如说是时间造就的杰作。

在一座吉篾式的佛塔前，一尊佛像盘膝而坐，呈降魔式。这尊佛像保存完好，是劫后幸存的为数不多的佛像之一。更多的佛像

端坐在蓝天白云中的佛像

则没有这样的好运,被破坏得断头缺臂,疮痍满目。无数佛像艺术珍品被蛮横地破坏,尽管如此,仍遮不住它们的残缺美。

阿瑜陀耶时期的佛像以气势恢弘而著称。一尊端坐在蓝天白云中的佛像,令人产生无限的遐想。

阿瑜陀耶城郊的銮抱多佛像,以体形硕大闻名,铸于1324年,是泰国最大的一尊金属铸佛。一个正常人的身高还没有该佛的一根手指长,每当给大佛换袈裟时,需架以数层楼高的扶梯。此佛现存帕南车寺。

八、曼谷王朝时期的佛像

从1782年曼谷王朝拉玛一世即位至今的曼谷王朝时期,历时已约240年。

曼谷王朝时期的佛像制作经历了4个阶段:学习阿瑜陀耶的制作方式;学习素可泰的制作方式;学习中国的制作方式;学习西方的制作方式。最终才形成真正的曼谷王朝制作方式。

1. 学习阿瑜陀耶的制作方式

拉玛一世皇登基后,下令将被战争损坏的阿瑜陀耶时期的佛像集中到曼谷来修葺或重铸,数量多达1 200尊。工匠们必须修旧如旧,因而对他们来说是一个学习阿瑜陀耶佛像艺术的好机会。拉玛二世时,佛像的制作有了一点儿变化,佛的右手下垂。另外,当时还喜欢用泥灰塑造一些神话史诗《拉玛坚》里的各种角色。

2. 学习素可泰的制作方式

拉玛三世到拉玛四世时期,兴起了一股复兴素可泰佛塔和佛像的热潮,用素可泰的方式修建了一些锡兰式的佛塔,佛像的风格也出现复古的倾向。

3. 学习中国的制作方式

拉玛三世时期泰国与中国的接触日渐频繁,因此在佛寺、宫殿等建筑艺术方面大量向中国学习和借鉴。中国传统的庑殿式大屋顶被移植到泰国,工匠用碎瓷片拼成图案装饰墙壁、佛

曼谷王朝时期的佛像

座,并用龙头、凤尾作为装饰等。在佛像制作方式上,该时期追求制造超级大佛。拉玛三世对单举右手的禁亲式的佛像情有独钟,故坊间流行此种样式的佛像。此外,这一时期还制作了各种姿势的佛像,总计40种,作为佛像的法定姿势。

4. 学习西方的制作方式

从拉玛四世到拉玛六世,泰国社会自上而下地进行旨在学习西方行政制度的改革,开始与西方有了广泛的接触。西方文化的影响如潮水般涌入泰国。西方文化的影响是多方面的,仅从造型艺术方面分析,该时期佛像制作明显朝平民化方向发展。尽管保留了传统佛像的一些基本特征,比如佛头顶上的光芒,头发盘成髻,长耳垂等,但是佛像身体上的肌肉、脸庞和双脚却像常人一样,身上穿的袈裟的皱褶好像是被风吹皱一样,呈现出一种自然美。

第五章
中国禅宗在泰国的传播和影响

泰国是一个全民信仰佛教的国家,95%以上的民众皆信仰南传上座部佛教,即小乘佛教。

尽管如此,属于大乘教派的中国禅宗依然有机会在泰国广泛传播,这一方面表明泰国朝野在宗教信仰上的雍容大度和兼容并包,另一方面也展示了中泰两国在宗教文化方面的交流与融合。这种文化的交流与融合,是建立在历史上大量华人移民泰国基础之上的。据可靠的资料,早在13世纪的宋末元初就有华人移居泰国。有姓名可考者如宋朝宰相陈宜中,当蒙古人打进中原的时候,他奉命到占城搬救兵未果,后辗转定居暹罗。此外,泰国素可泰王朝曾聘请一批元朝工匠去宋加洛帮助烧陶瓷,因此使泰国宋加洛瓷名闻遐迩。这些人皆是早期移居泰国的华人。明朝开启了官营朝贡贸易,郑和七下西洋,引发了华人移民泰国的第一次高潮,并在泰国首都阿瑜陀耶形成华人聚居区。清朝初年,一批不甘事清的明朝遗老携家移民东南亚包括泰国,在海外成立反清复明组织。康熙年间,伴随台湾问题的解决和中泰大

华人移民乘坐的红头船

米贸易的兴起,形成了华人移民泰国的第二次高潮。第二次世界大战前后,兵燹灾害,大批农民破产,被迫远走异域,又形成了第三次华人移民高潮。因此,前后数代约以百万计的华人来到泰国,与当地人通婚,繁衍生息,最终难以分辨谁是华人,谁是泰人。两个民族水乳交融,血脉相通。人口的迁移,必然带来文化和宗教信仰的移植。这就是中国禅宗得以在泰国传播的根本原因。

第一节　中国禅宗在泰国的传播

禅宗是大乘佛教的一个重要宗派。禅是梵文"禅那"的音译,意为静虑。通过禅定思维,以期大彻大悟。这种修炼方法在达摩祖师东来以前,印度已经流行,但是演变为佛教的一个宗派,则是5世纪以后的事。它是佛教与中国传统文化融合的产物,禅宗是完全中国化了的佛教。

中国禅宗自六祖慧能开始重心移至中国岭南地区,形成南宗,亦称顿悟派。它主张明心见性,不立文字,顿悟成佛。相较于北宗渐悟派的修行方法更为简便易行,因而处于社会下层的信众倍增成为中国佛教的主体,并随闽粤僧俗移民传至东南亚地区,泰国便是其中一例。

一、续行大师是将中国禅宗传入泰国的第一人

续行系广东潮州人,生卒年不详,少年受戒为僧,精研佛法。他因仰慕著名佛邦暹罗,于清同治元年(1862年)乘舟南渡,初驻锡曼谷耀华力路谷斗巷观音宫(现改名为永福寺),宣讲中国禅宗,后名声大噪,门徒云集,信奉者众,引起了暹罗国王拉玛五世的

六祖慧能肉身

注意。当时,拉玛五世正大张旗鼓地推行行政制度改革,打开国门,学习西方和世界先进文化,这就为中国禅宗在暹罗的传播提供了宽松的政治环境。1863年,续行大师提出按中国传统禅院修建一座寺庙的计划,得到拉玛五世

的支持。拉玛五世下令拨赐曼谷石龙军路旁的土地作为建寺地址,谕令朝官披耶初侣助色提(华名刘建兴)辅佐建寺工程事宜。历经8年,寺庙建成,拉玛五世题写泰文寺名。其中文名曰"龙莲寺";封续行大师为"帕亚庄真三昧智越"僧爵,并授予他华宗大法师职位(相当于华宗僧王),负责大乘禅宗事务。

一百多年以来,龙莲寺香火不断,中泰信众络绎不绝。

如今,只要来到曼谷华埠,便可一睹龙莲寺的风采:歇山式的大屋顶覆盖着色彩绚丽的琉璃瓦。山门上端悬一中文匾:龙莲寺。门旁对联曰:龙势飞腾地;莲灯照耀天。对联每字约40厘米高,行书,飘逸遒劲,甚具功力。落款为"大清光绪五年(1879)住持续行敬题并书"。整座寺院完全按照中国禅院布局,唯一不同的是后殿回廊右侧多了一个供奉神医华佗的地方,大概是建寺之时,正逢泰国瘟疫流行,格外需要神医庇佑的缘故。从现存的金石、木刻,可以窥见该寺的历史。慈悲阁匾和六祖殿匾书于清同治十二年(1873年),禅堂匾和客堂匾书于同治十三年(1874年),皆为书法艺术之精品。年代较早的对联计有四副,书于清光绪四年(1878年)至七年(1881年),作者皆是华人施主。其一曰:"龙树马鸣心求佛果;莲宫桂殿身种菩提"。其二曰:"龙护法门色色空空归大觉;莲绕佛座花花叶叶现如来"。其三曰:"龙喷慈云拥护大千世界;莲香宝殿辉煌丈六金身"。其四曰:"龙德光腾变化直凌千仞上;莲花香暖氤氲欲绕大霄间"。这充分显示了中国禅宗的韵味和风格。

华人移民的大量涌入以及他们在商业方面取得的卓越成就,形成了中国禅宗在泰国广泛传播的物质基础和群众基础。

现今龙莲寺住持和尚已传至第九代,仁晁大师是在泰国出生的华人,中泰文皆佳,佛教修养极深,任华宗副僧长之职。华宗大僧长仁得上师是普门报恩寺住持,他于1936年出身在泰国北碧府的一个普通农民家,俗姓陈,祖籍广东揭阳;21岁出家,皈依泰国上

拉玛九世和川·立派总理会见华宗大僧长

任华宗大僧长普净大和尚为传戒阿阇黎,受比丘具足戒。圆戒后,他随师驻锡泰京黄桥区立化僧舍,潜修佛典,研习菩萨戒范。1959年普净大和尚发愿修建普门报恩寺,他遂协助师父筹措建寺事宜。1985年其师圆寂,由他承袭衣钵。1988年拉玛九世第四次赐封僧爵,由僧王出面封仁得上师为华宗大僧长,为泰国华僧之弘法行政最高领导。是年,仁得上师出访印度,礼敬金刚乘法王士德那提拉古活佛,承袭密宗大法,受任为金刚上师。他还被玛哈朱拉隆功大学聘为荣誉博士。笔者1996年出版《泰国的中式寺庙》一书的时候,仁得上师为该书题写中文书名。

仁得上师为笔者题写书名

普门报恩寺是继龙莲寺之后,由泰国华人筹资修建的另一座规模宏大的禅院,坐落在曼谷然那哇区沙途巴立路。该寺筹备于1959年,1960年12月5日(泰国拉玛九世生日)破土动工,1971年建成,为中国园林式建筑。山门是五福临门的中式牌楼,上面盖有琉璃瓦。正中中文楷书"普门报恩寺",为仁得和尚手迹。两边侧门分别书写"风调雨顺"和"国泰民安"。踏进寺门,可以看见一尊笑口常开的弥勒坐像,背面是护法韦驮,两侧木柱上挂着一副对联:大腹便便包含着人间多少是非事;开颜笑笑窥破乾坤内几许不了情。四大天王分列两厢。往里走是一四合院,大雄宝殿居中,气象庄严,造型雄伟。宝殿建于一米来高的石基上,围以汉白玉石栏,颇似北京天坛祈年殿,左右厢房用作图书馆和办公室,图书馆里收藏了许多中文经藏,如:《中华大藏经》《十方便佛报恩经》《净土晨钟》《法苑珠林》《景德传灯录》《广弘明集》《成实论》《永嘉大师证道歌注》,以及《御批历代通鉴辑览》《续甲骨文编》《曹溪通志》等,另有许多泰文书。寺庙设图书馆,并有丰富的中泰文藏书,正好说明这是一座中泰宗教文化交流的宝库。办公室墙壁上挂着一张驻寺比丘沙弥名录,其中普字辈1人、仁字辈12人、圣字辈16人,由此可见禅宗僧侣的辈分传袭。

观音崇拜在泰国的盛行和大量观音寺庙的出现,是中国禅宗在泰国传播带来的结果。我们知道,"大乘佛教之异于小乘佛教的一个特点是菩萨观念,实行六度波罗蜜,发展菩提心,修行十地行法,三身和真如的观念,目的是成佛道"。[1]菩萨是介乎阿罗汉与佛陀之间的一个果位,大乘信奉菩萨,小乘没有菩萨。原先泰国几乎没有观音菩萨庙,由于中国禅宗在泰国的传播,信众增多,无论是华人还是泰人都参拜起观音菩萨来,把观音菩萨视为大慈大悲、救苦救难、送子降福的圣灵,于是观音菩萨庙如雨后春笋般涌现。据笔者对现存于曼谷的24所中式寺庙和外府的36所中式寺庙的调查显示,其中就有2所专祀观音菩萨的观音古庙:建于光绪十四年(1888年)的曼谷帕赛路之观音古庙和建于光绪十四年(1888年)的曼谷帕抛猜路的南海观音宫。[2]这不包括其他寺庙里的观音殿。泰国拜观音菩萨的人都有一个特点——坚持不食牛肉。此外,还有许多寺庙里供奉着地藏王菩萨。这是一位专管地狱的菩萨,他曾发愿说:"地狱未空,誓不成佛,众生度尽,方证菩提。"这集中体现了大乘佛教强调利他,普度众生的精神。这种精神逐渐被强调自我完善和自我解脱的小乘佛教地区的信众所接受,不能不算是大乘、小乘佛教圆融后出现的一种新现象。

二、广集善缘的大峰祖师与华侨报德善堂

中华禅宗在泰国的传播还跟宋代僧人大峰有关。大峰祖师生前虽然并未到过泰国,但他圆寂后800年,却跟泰国结下不解之缘。他的金身被移至泰国供奉,成为家喻户晓的神祇。

广东《潮阳县志》卷十七有一段关于大峰祖师的记载:

> 宋大峰,始来之闽西。本县和平里有大川横截,广而深,波流湍急。每遇风涛,行者以覆舟为患。大峰发愿,秋建石梁以度众生。闻者笑之。于是募众出资,度水之深浅高下,计木石工役,众莫测其施为。宣和癸卯(1123)大峰悉载前所施钱归闽,人讶之。越五载,忽航海至,糇粮木石工作咸备,周岁而桥成,计十九洞,惟南北枕岸两洞未完。是岁,大峰圆寂。邑人蔡贡元完之。相传大峰造桥时,潮汐不至者七日,其神异如此。里人立庙祀之,颜其堂曰报德。

---

[1] 莫佩娴:《印度佛教部派的历史》,载《印度佛教史论》,大乘文化出版社1978年版,第138页。
[2] 段立生:《泰国的中式寺庙》,曼谷大通出版社1996年版,第70—75页。

潮阳和平乡和平桥头现在还保留着一块石碑，上镌刻"宋禅师大峰公"一行小字，说明大峰原系佛门禅宗，着重实践，亲身躬行，造福乡梓，获民众祀敬，历代香火不绝。

19世纪末，广东潮汕地区出现移民暹罗的热潮。潮阳人马润，为求旅途平安，携带了一尊大峰祖师塑像，抵曼谷后供奉在永顺昌镜庄楼上。其时曼谷瘟疫流行，很多人染病死亡。人们一面求助医药，一面求助神灵，在石龙军路振南戏院后建篷寮作大峰庙址。有的信徒为酬谢神灵，捐钱购置衣棺，收敛无主尸骸，这便是大峰祖师庙行善之始。

1910年，侨领郑智勇（二哥丰）以郑谦合商号的名义，联合华人各商号发起募捐，购地于帕抛猜路，正式盖起一座大峰祖师庙，为慈善机构匾曰：报德堂。近百年来，报德堂在郑午楼董事长和其他华侨先贤的领导下，由一座小神庙发展成全泰国规模最大的慈善机构。由最初2 000铢的注册资本，发展到现今10多亿铢的资产。报德堂把慈善工作由恤死扩大到救生，他们成立华侨医院，创办护士学校和华侨学院，进而发展成为综合性的华侨崇圣大学，把慈善事业的涵盖面延伸至包括高等教育在内的社会生活各领域。华侨报德堂起到了泰国民政部救灾恤贫的作用，这正是中国禅宗在泰华社会广泛传播的结果，亦是大峰祖师一生躬行"为善最乐"精神的发扬和光大。

1993年，郑午楼为了厘清大峰祖师的生平事迹，请泰华著名学者郑彝元专程赴广东潮阳和平乡考察，撰成《大峰祖师传略》一书，并译成泰文，呈送泰国僧王法览，以将这位宋代禅宗高僧的生平行状介绍给泰国。

无论是历史上的大德高僧，如宋代大峰、清代续行，还是当代出生于泰国的华僧普净、仁得、仁晃，以及下一辈圣字辈的僧人，都为中国禅宗在泰国的传播作出了重要的贡献；曼谷龙莲寺、普门报恩寺、华侨报德堂，以及遍布全泰国的观音寺和大大小小的中式寺庙，都成为传播中国禅宗的重要场所；众多的华人移民则是中国禅宗在泰国传播的媒介。如此种种演绎出了两国宗教文化的交流与合作。

大峰祖师像

第二节　泰国对中国禅宗典籍的翻译和介绍

最早一位将中华禅宗典籍翻译成泰文的人,是泰国高僧菩塔(1906—1994年)。菩塔1906年5月27日出生于泰南素叻它尼府猜耶县,泰名叫厄姆,后改叫中文名菩塔。他的父亲是一位在泰国出生的华人,母亲是泰人,在市场上经营小买卖,祖父是来自中国福建省的移民。菩塔是这个家庭里的长子,他还有一个弟弟和一个妹妹。他8岁时进当地的寺庙读书,读到初三时因父亲病故不得不辍学,回到家中的店铺学做生意;21岁时按当地的习俗剃度为僧;30岁时获得三等法师的僧衔。从20世纪30年代开始菩塔就通过英文转译,把禅学著作介绍给泰国僧俗读者。他是闻名泰国的学问僧,精通佛律三藏和多种外语,长期居住于泰南素叻它尼府,远道前去求法的僧侣和佛门信徒络绎不绝。他著的《人类手册》先后再版5次。菩塔把禅宗的一些观点和小乘教义糅合,用通俗的语言,作深入浅出的介绍。菩塔大师对各种宗教派别采取兼容并包的态度,不存门户之见。

菩塔大师

有一年笔者应邀至泰国素叻它尼皇家师范学院讲学,在瑙瓦琳副院长的陪同下,去拜访菩塔大师。

在一株菩提树下,我见到了仰慕已久的菩塔大师。他身着一袭黄布袈裟,手持一根拐杖,结跏趺坐。听说我来自中国,他流露出格外亲切的表情。他说,他曾经到过中国,对中国有深刻而美好的印象。

在他的隐土园里,有一间"灵魂画院",墙壁上画着一只大眼睛,寓意用另一只眼睛看世界。室内展厅,通过连环画的形式,阐释佛教禅宗的教义。比如禅宗的《十牛图颂》,生动形象地表现出一个修行者,如同一个寻找牛的牧童,经历十个阶段,达到"人牛俱忘"的大彻大悟境界。

泰国当代著名作家梭·希瓦腊(中文名萧素乐)写了本《菩塔大师与梭·希瓦腊对话录》,以对话形式,介绍菩塔大师的宗教观,成了一本畅销书。另外,梭·希瓦腊还根据英文资料,用泰文写了一本《禅》的小册子,专门介绍中

灵魂画院

国禅宗。目前,泰国知识界有不少人热衷于禅宗典籍的翻译、介绍,他们有较高的文化修养和英文读写能力,大多是通过英文转译,能直接从中文原著译成泰文的人不多。泰国相继出版有关禅宗的著作计有:阿喃达译《六祖坛经》,宋猜译《临济禅师谈禅》,派乐编译《禅如是说》,弯匿译《生命之奥秘》,畦乃译《面对人生的禅学》,泼乍那等译《未来的宗教》和《打开禅宗的钥匙》,巴林译《战胜生命的禅学》,泼乍那著《禅宗哲学》,拉延著《参禅的方法》《与禅同在》和《禅空》,帕巴差译《悟的神通》,弯蒂著《禅趣》和《禅的斗争艺术》,塔威瓦著《禅灯》,劳瓦腊著《轻轻过山山泉》,梭巴译《佛门禅宗与精神分析》,苦巴乍译《禅宗的智慧》,丹莫强等著《禅宗对话录》,等等,琳琅满目,美不胜收,将中国禅宗的智慧,传递给泰国的知识阶层和普通信众。

泰国僧俗界的文化精英,如菩塔大师、梭·希瓦腊先生和其他众多的作家、翻译家,为中国禅宗在泰国的传播做了大量的工作,使两国的宗教文化交流结出了硕果。

1974年12月,为庆祝中泰建交20周年和泰国国王拉玛九世登基50周年,中国陕西法门寺出土的佛指舍利应邀至泰国展示,这是中泰两国佛教文化交流的一大盛事。时任泰国外交部部长的他信乘专机赴中国恭迎,川·立派总理率各界代表千余人在机场守候,拉玛九世国王亲临佛教城拜谒这一佛门圣物,其隆重程度,胜过迎接外国元首的外交活动。当时万人空巷,举国沸腾,泰国的佛教徒超越了大乘、小乘佛教的界限,留下了传颂至今的佛门佳话。

第三节 禅宗带来的影响

中国禅宗在泰国传播所带来的影响是巨大和深远的,表现在下述几个方面:

中国禅宗在泰国的传播,带来的直接结果是让禅宗智慧在泰国民间普及。禅宗主张"明心见性""不立文字",这就使人们之间的思想交流超脱语言的媒介,不受语言的限制。思想是没有说出来的语言,语言是表达出来的思想。而有的思想则是无法用语言表达的,只能选择参禅的方式。中国佛教所包含的大量的智慧和哲理,正是通过禅宗的传播,在泰国民众中发扬光大的。

佛门弟子于佛在世时以佛为师,佛灭度后以法为师。因此,佛灭度后数百年,由于一些僧人对佛法的理解不同,遂形成不同的部派。不同的宗派皆以为自己承袭佛学的真谛,容不得对立派的观点,于是部派之争愈演愈烈,一度出现势不两立的情势。这是佛教史上一个难解的课题。中国禅宗在泰国的传播,充分说明大乘、小乘佛教是可以圆融的。不同的学派应该兼容并包,尊重彼此的观点,互相谅解,求同存异,共谋发展。

佛法原是一味的,僧伽本是和合的,之所以发生部派分裂,主要是因为思想的左右偏激。中国传统儒家思想主张"中庸之道",正是解决宗派观点左右偏激,达到"见和同解"的灵丹妙药。

由宗教观点分歧,可以推广至社会制度、政治观点的不同。可以认为,有分歧是一种常态,关键是要互相理解、互相包容。中国禅宗在泰国成功传播的事例证明和谐相处,求同存异,同样是解决政治分歧的有效途径。

第六章
当代泰国佛教的现状和面临的挑战

第一节 当代泰国佛教的现状

佛教从公元前3世纪传入泰国,迄今已有2 000多年。在泰国佛教不但没有像其发源地印度那样出现衰败迹象,而且逐渐发展完善,历久不衰,被当地民众广泛接受,与当地文化密切融合,最终变成当地文化的一个重要组成部分。这是耐人寻味和值得研究的。

公元前3世纪中叶,印度阿育王派高僧到金地国弘法,被视为佛教传入泰国之始。佛统大金塔则是佛教传入泰国的标志。其实,在佛教正式传入泰国之前,泰国和印度早已有商业贸易和人员往来。印度作为南亚地区的一个文明古国,自然有向周边国家拓展和加强联系的欲望。种种原因使许多印度移民向外迁徙,有的为躲避战乱到外国谋生,例如公元前261年阿育王派兵讨伐卡林阁城,10万百姓死于战祸,15万士兵被俘,致使许多劫后余生的人乘船逃往国外。也有的人因为商业利益去国外做买卖。这些印度移民中或许有一部分信仰佛教,他们也把佛教信仰带往国外。他们到达泰国地区的时间或许比阿育王派到金地国弘扬佛教的高僧还早,但因为没有确凿的证据,所以我们只能以须那迦和郁多罗两位高僧到达金地国作为佛教传入泰国之始,但并不排除商业贸易和人员往来在佛教传播中发挥了的作用。佛教作为一种文化形态,其传播途径是多渠道的。

在泰国历史上,佛教的传入,无疑是一件非常重要的事,在某种程度上甚至改写了泰国的历史。我们从这样的高度来认识,一点儿也不为过。

首先,佛教对于当时的泰国来说,是一种先进的外来文化。包括泰国在内的东南亚地区,比起当时的文明古国印度和中国,发展水平显然落后了一

大截。中国古籍中有大量生动具体的记载,来描述当时东南亚地区的落后状况:

《晋书》卷九十七:"扶南西去林邑三千余里,在海大湾中,其地广袤三千里,有城邑宫室。人皆丑黑拳发,倮身跣行。性质实,不为寇盗,以耕种为务,一岁种,三岁获。"

《南齐书》卷五十八在叙述了印度人混填用神弓征服了扶南女王柳叶后说道:"混填娶以为妻。恶其裸露形体,乃叠布贯其首。遂治其国,子孙相传。"

《水经注》卷三十六:"徐狼外夷皆裸身,男以竹筒掩体,女以树叶蔽形。"

《朝野佥载》卷二"真腊国"条:"国人不着衣服,见衣服者共笑之。俗无盐铁,以竹弩射虫鸟。"

《新唐书》卷二二二下:"盘盘,在南海曲,北距环王,限小海,与狼牙修接,自交州海行四十日乃至。王名曰杨粟翟。其民濒水居,比木为栅,石为矢镞。"

由此可见,当时的东南亚远比印度落后,印度的宗教婆罗门教和佛教先后传入东南亚,宛若一股清新的空气吹进东南亚,使这里的风气为之一变。中国古籍记载了当时印度宗教在东南亚风行的盛况:

《梁书》卷五十四记载,4世纪一位名叫憍陈如的印度婆罗门当了扶南的国王:"其后王憍陈如,本天竺婆罗门也。"

《通典》卷一八八"扶南"条:"俗事天神,以铜为像,二面者四首,四面者八首,各有所持。或小儿,或鸟兽,或日月。"

竺枝《扶南记》:"顿逊国属扶南,国王名昆仑。国有天竺胡五百家,两佛图,天竺婆罗门千余。顿逊敬奉其道,嫁女与之,故多不去,唯读天神经,以香花自洗,精进不舍昼夜。"

杜佑《通典》卷一八八"盘盘国"条:"其国多有婆罗门,自天竺来,就王乞财物,王甚重之。"

同上书卷一八八"赤土"条:"俗敬佛,尤重婆罗门。"

同上书卷一八八"丹丹"条:"王每晨夕二时临朝。其大臣八人,号曰八座,并以婆罗门为之。"

《新唐书》卷二二二下"盘盘"条:"有佛道士祠,僧食肉,不饮酒,道士谓为贪,不食酒肉。"

古代的东南亚是一个整体,在这片广袤的土地上,相继出现了许多大大小小的邦国,其领土疆域犬牙交错,变化多端,我中有你,你中有我。特别是中南半岛部分,先后出现了扶南、真腊、林邑、占城、金邻、盘盘、堕罗钵底、赤土、狼牙修、单马令、女王国、八百媳妇国、骠国、顿逊等国家,分布于现今马来西亚、越南、柬埔寨、老挝、缅甸、泰国等国家的版图上。我们说到现代东盟这些国家的历史,当然包括该国版图内曾经出现的大大小小邦国的历史。所以,上面所引中国古籍在东南亚各邦国传播的情况,也包括一部分属于现今泰国领土范围内的邦国,当然也真实地反映了佛教在泰国传播的情况。

文化总是由水平比较高的地区向水平比较低的地区传播和交流,这似乎是文化传播的一个普遍规律。当然也有文化的双向交流,但总的趋势是水平高的文化占优势。故佛教由印度传入泰国,如水银泻地,无孔不入。

佛教传入泰国后引起的变化,首先表现在政治生活层面上。

13世纪以泰族为主体的素可泰王朝建立以前,泰国境内先后出现金邻国、堕罗钵底国、女王国、八百媳妇国等,它们只是属于部落联盟或早期的奴隶制国家,就是素可泰王朝的建立,也带有明显的原始社会的部落民主成分。佛教的传入使神权与王权相结合,大大提高了国王的地位和权威,从此国王被蒙上一层"王权神授"的神秘光环。

15世纪阿瑜陀耶王朝的戴莱洛迦纳王推行"萨克迪纳制",标志封建领主制在泰国的建立。从此,泰国社会的阶级划分趋于完备。国王是最高统治者,下设各级官吏,属统治阶级。被称为"派"的普通民众和奴隶,则属于被统治阶级。与世俗统治方式相适应,在僧侣中进行等级划分,确立和完善了僧官制,从而使他们根据身份等级获得不同的权益。世俗官吏和僧官成为实现国家封建统治的左右两手。

从1868年开始,曼谷王朝拉玛五世在泰国实施了一系列的行政制度的改革,旨在引进西方的行政管理方法,打破泰国传统的封建世袭世禄制度。他于1903年颁布了第一部《僧伽条例》,将僧伽管理纳入法治轨道,与新的世俗官吏制度相适应;1928年颁布了第一部《文官条例》,通过考试公开选拔官员。

1932年6月24日政变后,泰国政体改为君主立宪制。僧伽也像世俗政权一样实行行政、立法和司法三权分立。1941年版的《僧伽条例》应运而生,成为僧伽的"宪法"。僧伽领导层也分为行政、主法和司法三大部分,互相制约,互相监督。

至此,泰国佛教全部完成了它的政治化进程。佛教和政府成为现代国家政治统治不可缺少的两大支柱。

我们只有从佛教传入泰国的历史,谈到佛教在泰国政治化的发展进程,才能理解泰国佛教与当代泰国国家政治制度密不可分的关系;才能理解佛教在泰国政治生活中举足轻重的地位和作用;才能理解为什么泰国宪法中明确规定"国王是泰王国的国家元首、武装力量的最高统帅和宗教的最高护卫者","泰国国王,必须是佛教徒及佛教的护持者,才可以登基为王";才能理解为什么每位泰国国王都要出家一段时间;才能理解为什么泰国人可以批评政府和总理但不能反对佛教和国王;才能理解为什么泰国的国家行政管理同时存在世俗和僧伽两套官僚体系;才能理解为什么在泰国人的观念里国家、佛教和国王是他们精神力量缺一不可的三根支柱;才能理解为什么泰国历史上很少出现暴力革命和流血斗争,社会变革大多采取渐进和改良的方式;才能理解为什么泰国社会比较和谐安定。凡此种种,皆跟全民的佛教信仰有关。

因此,谈到当代泰国佛教的现状,首先必须对佛教在泰国政治生活中的地位和作用有一个正确的认识和评价,即佛教已经完全融入泰国的政治生活和国家体制之中。

其次,佛教作为一种文化形态,已经深入泰国上自国王、总理、各级官吏,下至贩夫走卒等普通民众的思想意识之中。佛教的基本理论和教义已经深入人心,化为他们的行动,并成为一种民族精神。我们常说,泰国是一个"微笑的国度"。在泰国举目所见,皆是和善可亲的笑脸。泰国人民不喜争斗,乐善好施,因为佛教教诲他们,恶有恶报,善有善报。泰国人在布施方面是非常慷慨大方的,"百金之产,即施其半"。因为佛教教义里早就明确规定,布施是第一大善事,特别是施财建庙,可得百倍福报。这就造成了人人出钱建庙,遍地皆是佛寺的奇特的文化现象。据不完全统计,现今泰国共有佛寺3.2万多座,僧侣30万人。每个成年男子,一生中必须出家一次,少则3个月,多则数年。这样一群不事生产的僧侣靠什么生活?靠普通百姓的布施。离开善信的布施,出家人连一天都无法生活,因为人只要活着,就要吃饭穿衣,就需要物质消费。在泰国城乡,每天早上善信们都会准备好食品、鲜花和生活用品,摆放在自己家门口,等候僧侣前来化缘。这成了一道独特的风景。即使到了雨季,僧人不出庙门,待在庙里守夏念经,也不愁没有人给他们送来吃穿。

斋僧

佛教文化还包括佛教的祭祀礼仪和各种规矩。泰国有许多传统的宗教节日,如万佛节、礼佛节、守夏节、中元节、九皇斋节、水灯节、泼水节等。每逢一些特定的日子,泰国人都要举行祭祀活动,如新年酬神,神祇的生死日祭,超度亡灵,求签还愿等。这些活动,已经变成泰国人的一种生活常态。他们不厌其烦地举行各种祭祀活动,从出生,到成年、剃度、结婚、丧葬,生命的各个阶段,都要在寺庙里举行不同的仪式,终生都与佛寺有着不解之缘。

佛教文化渗透到泰国文学、音乐、舞蹈、戏剧等各文艺领域。泰国许多经典传统文学名著都与佛教有着割舍不断的联系。泰国著名长诗《拉玛坚》源于印度古诗《罗摩衍那》,叙述罗摩王子在猴王阿努曼的帮助下,从魔王手中夺回妻子的故事。印度的《罗摩衍那》是可以吟诵的长诗,后来成为婆罗门教的经典。泰国的《拉玛坚》不是简单地依样翻译,而是移植和再创造。它主要以剧本的形式出现,供皮影戏、孔剧和舞剧等剧种演出。泰国的绘画、雕塑等造型艺术也多从《拉玛坚》取材。如今曼谷大皇宫还保存着一整套《拉玛坚》的壁画。

《佛本生经》原是印度民间流行的有关佛陀的故事,用巴利文写成,有1 000多颂,传入泰国后被翻译为泰文。其翻译步骤是先将故事情节译成散文,再加工凝练为诗歌。这项翻译工作从13世纪素可泰时期就开始了,但那时候的译本早已失传。阿瑜陀耶王朝戴莱洛迦纳王于1482年召集文人学士集体翻译了《钦定佛本生经》,用于宗教集会场合诵读给善男信女听。据说一天内诵读完一遍等于积了一次功德。

泰国的教育,从一开始就依附于寺庙:寺庙是学校,和尚是教师,佛教著作是教材,《如意珠》是泰文的识字课本。直到 19 世纪泰国才出现近代学校。

可以说,泰国传统文化的实质就是宗教文化,表现为以宗教为核心。宗教起着支配一切的作用:人们在很大程度上为宗教而活着,文学为宗教而创立,史学为记录宗教活动而产生,教育依赖宗教而生存,绘画和雕塑的主要任务是进行宗教宣传和图解,音乐、舞蹈是为了酬神祭祀而表演。

时至今日,泰国上层建筑各领域都浸润着佛教的思想。

佛教在泰国历史悠久、长盛不衰,因此佛教艺术也在泰国一枝独秀。

泰国的佛教艺术首先集中表现在佛塔、佛寺、佛像的制作上。泰国佛教艺术经历 2 000 多年的积累和完善,出现了诸多旷世精品和艺术大师,是人类历史文化遗产的一个重要宝库。

总而言之,如果我们要用一段简短的话来概括当代泰国佛教现状的话,是否可以这样说:佛教几乎是泰国全民信仰的宗教,它深入泰国政治和文化生活的每个层面;佛教通过宗教的凝聚力而担负起组织社会的责任;佛教宣传的教义,说到底是一种人生观和世界观,它影响了信众的思维方式和生活态度。泰国人把佛教的规矩作为自我约束的道德标准和行为规范,这无疑有助于社会的安定和谐。我们知道,维持社会秩序不外三条途径:法律、道德和宗教。法律是由国家制定的所有公民都必须遵守和执行的行为规范和准则,任何人逾越法律的底线就要受到制裁;道德是由人们在实际生活中根据大家需求而逐渐形成的一种具有普遍约束力的行为规范,是一种心灵的契约,只能靠人们自觉遵守,遵守的程度由人们的觉悟和素质决定,约束力比法律弱很多;宗教的约束力则表现在信徒自觉地接受所信宗教教义的约束,违反它,就是对宗教的亵渎,因此,虔诚的信徒是绝不肯违背宗教教义的。泰国人普遍的佛教信仰使他们在法律和道德的约束之外,增加了宗教的约束,所以泰国社会的人际关系显得非常融洽。佛教与当代泰国社会已经密切到这样的程度,离开佛教,泰国也就不成其为泰国。

第二节 佛教界存在的问题

世间的任何事物,都有正、反两个方面,正面充满阳光,反面则是阴暗面。

在充分肯定佛教在当代泰国社会所发挥的作用的同时,我们也应该看到佛教界存在的一些问题。

一、僧官的贪腐

15世纪阿瑜陀耶王朝推行"萨克迪纳制",使泰国的寺庙有了合法的田产;僧官制的确立和完善,又使僧官取得对寺产的支配权;《僧伽条例》的颁发,使僧官具备了跟世俗官吏一样的权利。所有这些都种下了僧官贪腐的祸根。

据泰国《世界日报》2018年5月28日报道,防范打击贪污及违法指挥局第四轮调查显示,调查目标为60座寺庙,目前已经完成40座寺庙的核查工作,存在贪污舞弊的寺庙有26座,经济损失超过1亿泰铢。

2012年泰国有关部门对6万名僧侣进行调查,其中超过300名僧侣出现饮酒、嫖娼以及诈骗等不端行为。

2013年6月,网上流传一段视频,点击率超过百万:三名泰国僧侣戴着时髦墨镜、高级耳机,携带名牌手提包,乘坐私人飞机,出国进行宗教活动。此段视频一经曝光,立即引起轩然大波,招致泰国民众的广泛批评。泰国国家佛教办公室严肃指出,这些僧侣的行为与佛教基本教义不符,将来再有类似事件发生,将勒令其还俗。僧侣不事生产,哪里有钱购买奢侈品?若不是来路不明就是盗用来自信徒的捐赠。

2018年5月24日,警方对曼谷三处著名寺庙和佛统府一处寺庙进行了搜查,以涉嫌敲诈勒索、拉帮结派、贪腐及联手洗钱等罪名,控制了五名僧官和四名涉案人员,冻结一处寺庙的住持1.3亿泰铢存款(约2600万元人民币)。

由此可见泰国佛教各阶层问题的严重程度。僧官的贪腐、僧侣的不端行为不是个别现象。

二、佛门戒律遭到腐蚀和破坏

律藏是佛在世时为规范弟子言行,纠正其生活恶习所制定的规则,也就是佛针对弟子易犯的过失而制定的规范,是随犯随制,随缘制戒。"戒"不是预先一次性制成的,是针对弟子在生活实践中易犯错误积累而成的。其目的是"制戒慑僧"。

佛临灭度时,阿难问佛:"佛灭度后,以何为师?"佛答:"以戒为师。"

佛灭度后的初夏,500弟子在七叶窟举行佛教第一次大结集,由阿难背诵的佛在世的教诲结集成《经藏》;优婆离诵律,结集出《律藏》。

律藏之所以重要,是因为它维系了僧伽的法纪。

历代的大德高僧和虔诚的佛门弟子,都恪守佛教戒律,而少数不法僧侣的错误行为,则用僧律进行惩处。

泰国曼谷王朝拉玛四世在继位为王以前,曾当了27年的僧人。他创立了佛教法宗派,其以恪守戒律而著称。法宗派和原有的大众派,成为泰国佛教界的两大宗派。

然而,泰国佛教界的优良传统,正在遭到腐蚀和破坏。所以,重申戒律,整顿佛门,是为当务之急。

据相关统计,泰国30万僧侣中有48%的僧侣过度肥胖,42%的僧侣胆固醇高,23%患高血压,10%以上有糖尿病。这种情况不仅威胁僧侣健康,还增加了政府负担。泰国僧人和普通民众一样享受公立医院的免费医疗,2012年仅肥胖引起的僧人疾病开支已逾3亿泰铢,按当时的汇率折合5 604万元人民币。因此,泰国政府呼吁僧侣保持简单清贫的生活,精进修行,反对奢靡。

当今泰国规模最大的法身寺位于曼谷市北20千米处,创建于20世纪70年代,初期规模不大,但在短短的时间内发展成全泰国,乃至全世界最大的大道场。寺内有常住僧俗1 000多人,其中有400多位比丘,200多位沙弥,400多位八戒优婆塞、优婆夷。法身寺应用现代企业的经营策略和手段,打造出一个超越传统寺庙的"企业形象",把法身寺的知名度提升到国际水平。它漠视传统佛教"不持金银"的戒律,鼓励信众捐献金钱,用雄厚的财力购买更多的土地,举办更大的活动,招徕更多的信众。1998年法身寺获得泰国工商管理协会颁发的"最佳市场策划奖"。因此它被恪守戒律的法宗派和大众派僧侣视为离经叛道。

加之,法身寺住持法胜法师与前政府总理他信关系密切,法胜法师被指控"挪用寺院地产""洗钱"等罪名,被老僧王苏瓦塔纳摩诃勒令还俗,但这一命令被僧伽委员会的长老投票否决。2013年

法身寺的信众

老僧王圆寂,拉查曼科拉高僧被任命为代僧王。他与法身寺住持有师徒关系,故军政府上台后,代僧王的"代"字终不得除去。非但如此,2016年夏,军政府签发对法身寺住持法胜法师的逮捕令,信众在寺中修筑路障,阻挡军警,最后法胜法师逃匿,不知所终。军政府成立宗教改革办公室,架空僧伽委员会,并修改法律条款,将原来"长老选定,国王任命"的僧王选举制度,换成"政府推荐,国王选取"。

第三节　新形势下面临的挑战和前景展望

2017年2月7日,泰国总理巴育宣布,奉拉玛十世哇集拉隆功御命,任命曼谷拉查波比托寺住持颂得帕摩诃穆尼翁为泰国第20任僧王,[①]尽管他已经89岁高龄。正式就任典礼于2月12日在曼谷大皇宫举行,拉玛十世点燃香烛,浴圣水,跪拜新僧王。礼毕,四万余座泰国寺庙敲钟20下,向神明禀告第20任僧王就职。

颂得帕摩诃穆尼翁僧王1927年6月26日出生于泰国叻丕府,10岁时剃度为沙弥,21岁正式出家为僧。1957年毕业于孟固佛学院,1966年留学印度,学习历史和考古,1969年获硕士学位。2009年当选为泰国僧伽委员会委员,并担任拉查波比托寺住持,是法宗派最高长老。

拉玛十世哇集拉隆功是2016年12月1日登基的泰国国王。他的父王普密蓬·阿杜德在位70年,对泰国社会贡献良多,深得人民爱戴。他勤政爱民,关心民生疾苦,重视国家经济建设和文化建设,热心科技发展,宣扬宗教自由,致力于种族和谐和社会稳定。这些功绩,既是拉玛十世的政治遗产,也是拉玛十世继续努力的方向。

泰国国旗由红、白、蓝三色组成,红色代表人民,白色代表佛教,蓝色代表王室。拉玛九世在位70年的经历证明王室对泰国政治有重要作用。虽然拉玛九世在位时期相继发生了20次军人政变,使当代泰国成为世界上政变极频仍、政府更迭极频繁的国家之一。但由于王室的居中调停,国家不至伤筋动骨。

什么是泰国面临的新挑战?仅就宗教层面来说,整顿佛门,反对贪腐,重申戒律,刻不容缓。这不仅是泰国广大僧俗民众的迫切要求,也关系到国运的盛衰。

---

① 泰国从14世纪素可泰第六代国王利泰时期开始设立僧王以来,素可泰王朝、阿瑜陀耶王朝、吞武里王朝的僧王都无法统计,此从曼谷王朝算起,为20代僧王。

附录 1
曼谷王朝一三一年(1903年)僧伽条例

朱拉隆功大帝发表谕示说,近来考虑对僧伽管理工作进行改革,制定一些管理条例使这项工作做得比过去更加完善和有条理。

加强对僧伽的管理对佛教来说是十分有益的。对僧伽管理有序,将促进佛教的繁荣,使人民群众更加崇信佛教,使僧侣的言行符合沙门规范,学业精进,承袭佛教优良传统。因此,颁布此项僧伽条例。

第一章 关于条例的名称与规定

第一条 这个条例定名为《曼谷王朝一三一年(1903年)僧伽条例》。该条例将于何时、在何地生效,请静候官方报纸的通知。

第二条 从本条例正式使用之时起,一切与此条例抵牾的法律或文书将一律作废。

第二章 大僧团

第三条 这个条例不涉及宗派事务和任何宗派理论。如某教派的领导人在此之前有什么规定,则依然照旧执行。但对于一般的僧团来说,则必须按照本条例的规定办事。

第四条 设四大僧团的领导职位:北方僧团大宗长、南方僧团大宗长、法宗派僧团大宗长、中部僧团大宗长。此外,每个僧团还设一名副宗长。他们皆是佛教界的高僧大德,负责管理一般的宗教、僧伽事务,以及僧伽纪律委员会的工作。四位大宗长在僧伽纪律委员会的裁决是最终裁决,任何人不得反对。

第三章 寺 庙

第五条 寺庙计分三类:皇寺、民寺、僧侣的住所。
1. 皇寺 是国王所建或出资供养的寺庙。
2. 民寺 其寺院范围经国王认可,但没有被列入皇寺名册的寺庙。
3. 僧侣的住所 其寺庙及范围尚未经国王认可。

第六条 寺庙及从属于寺庙的物产,根据此条例的规定分为三类:寺庙本身、寺院占有的土地、寺院获取的贡献。

第七条 寺院也好,寺院获取的贡献也罢,皆是佛教教会的财产,必须具备国王签署的文书方能生效。或者由国王委托某位亲王管理,但所有权不得转让。

第八条 没有僧侣居住的荒废寺院,其寺产由国家僧伽委员会的工作人员管理,包括从属于该寺院的一切财产。

第九条 谁要修建新寺院必须得到皇家批准,事先获得国王的同意方能动工。其程序如下:
1. 谁要在任何地点新建寺庙,必须写信给当地地方官提出申请,并跟当地僧团领导商议,首先要对下列问题进行审查和考虑:
(1) 申请人对于建寺的土地是否合法拥有,能否捐赠转让?
(2) 在那里新建寺庙是否与僧伽条例的规定抵触?
(3) 新建的寺庙是否适宜僧侣居住?
(4) 在那里新建寺庙是否有利于在那里居住的居民?
(5) 在那里新建寺庙是否触犯宗教的利益,比如说会使那一带原有的寺庙荒芜衰败?

2. 旧有的寺院如果要在皇家认可的寺院地界范围内建筑新寺,或者新增附属建筑,则必须向国王递奏申请文书。若是在曼谷地区,则必须向宗教事务部提出申请,再经宗教事务部转奏国王,方能拿到国王的圣谕。

3. 如果单是申请建造新庙,则必须先向僧伽委员会提出建筑申请,获得批准以后,才能进一步获得寺院地界范围的认可。

第四章　庙　主

第十条　每座寺庙设一名庙主。如果遴选皇寺庙主,则由国王任命。即便是民寺的庙主,也可以由国王任命合适的人选。

第十一条　曼谷的寺庙,无论是皇寺或是民寺,如果国王不任命庙主,则由管辖地区的僧伽委员会与该寺僧侣和施主商议,推荐一位僧侣来当庙主。如果僧伽委员会同意这位僧侣担任庙主,就要颁发正式的国家任命书,并由该地的最高行政长官盖章。

第十二条　遴选城镇寺庙的庙主,如果国王不打算任命的话,则由管辖地区的僧伽委员会与该寺僧侣和施主商议,推荐一名僧侣担任。如推荐意见不一致,则由管辖地区的僧伽委员会上报城镇僧伽委员会,由城镇僧伽委员会决定,并颁发盖章的国家任命书。

另外,所有的庙主如果没有较高的僧职的话,则授予方丈之职位。

第十三条　庙主具备如下职责:

1. 竭尽自己的力量和能力维护该寺庙。
2. 监督检查不让寺庙成为坏人的藏身地。
3. 照看住在寺里的修行者和施主。
4. 约束驻寺修行者和施主的行为规范和制止犯罪。
5. 为驻寺修行者和施主宣讲必备的佛法和戒律。
6. 有责任帮助寺庙里的学生学习文化知识。
7. 有责任为来寺庙里做善事的信众和施主提供一切方便。
8. 为驻寺修行者和施主的日常开销做账,并上报僧伽委员会。
9. 如果驻寺沙弥要移住外寺,或出门远行,庙主必须提供必要的文书。除非庙主认为该沙弥行为不端,如此可以不出具证明,但要跟该沙弥解释清楚。

第十四条　驻寺修行者和施主必须协助庙主处理寺庙的一切事务。

第十五条　每个沙弥都必须在一个寺庙里登记僧籍。

第十六条　驻寺施主有责任像每一个普通公民一样遵守国家法令。

第十七条　庙主的权利:

1. 有权命令该寺的修行者和施主。
2. 如果某寺发生单纯违反僧律的罪过,庙主有权审理。即使是民事纠纷,只要双方愿意,也可请庙主调解。
3. 驻寺修行者和施主,如没有获得庙主的同意,则不能剃度。
4. 修行者和施主,若不听庙主的训示,则不得在该寺居住。
5. 如果庙主的命令符合戒律和僧律,驻寺沙弥拒不执行,或者违反命令、蔑视庙主,庙主有权对这个沙弥进行处罚。
6. 如果庙主依法行使职责,施主进行阻挠,或者蔑视庙主,那么这位犯错误的施主就受一次惩罚,罚款不超过20铢或者禁闭一个月。也可以同时罚款和禁闭。

第十八条　当有人要对庙主提出上诉时,如果是曼谷的寺庙,则可以向其隶属的管理者(具有二等僧爵的帕拉查卡纳)提出。如果是外地的寺庙,则向其隶属的地区僧伽委员会提出。

第十九条　因为某寺的僧侣人数过多,庙主不能尽其职责,或庙主年老病残,如果该寺庙在曼谷,其隶属的管理者认为有必要遴选一位僧侣担任副庙主,来协助庙主负责全盘或局部工作的话,则可以任命。但副庙主的权限不得超过庙主,亦不能违抗庙主的命令。

第五章　区划管理

第二十条　按照本条例规定,寺庙按区划管理。如果在曼谷地区,每个区设管理人员一名。外地城镇,则所有区共设管理人员一名。如果有的区寺庙很少,则可以将几个区并拢起来管理,但必须获得省级僧伽委员会的同意。

第二十一条 在曼谷,地区一级的僧伽管理人员必须获得国王的任命。至于城镇一级僧伽管理人员的遴选,必须由城市僧伽管理委员会从该地区的僧侣中提出一名人选,报省级僧伽委员会同意,由大长老任命并盖上国家的大印。如果被选人员的僧爵没有达到第三等僧爵帕枯,则可以晋爵为帕枯。

第二十二条 曼谷的一切寺庙,无论位于哪个区,统统隶属于二等僧爵的帕拉查卡纳管理。如果是京畿以外地区的寺庙,则由该地区的管理人员管理。除非这座寺庙,既隶属于曼谷,又隶属于地方,若国王认为必要,则设专人管理。

第二十三条 在曼谷地区,寺庙除了拥有与具有二等僧爵荣誉称的一名管理人员外,还可以增设具有同等僧爵的另一名管理人员。但不能将具有二等僧爵的人增至三人。

第二十四条 具有二等僧爵帕拉查卡纳的地区管理人员的职责:
1. 必须检查和监督辖下寺院和僧侣,使其遵守僧律和国法。
2. 根据本条例规定挑选和任命该地区的庙主、副庙主。
3. 检查和促进辖下寺院的宗教事务和教育工作。
4. 按期检查辖区寺院的各项工作。
5. 化解庙主之间的矛盾冲突,处理上诉事件。

第二十五条 曼谷地区僧伽管理人员的职责:
1. 如果按照本条例规定挑选出来的副职管理人员,因其不当言行不称职,或者能力不足,正职管理人员可以将他免职。
2. 正职管理人员有权处理该地区的上诉,辨别言论是非,进行裁决等。
3. 有权要求管辖地区的僧侣遵守僧律和国法。

第二十六条 具有三等爵衔帕枯的城镇僧伽管理人员的职责:
1. 检查和敦促辖下的寺院和僧侣遵守僧律和国法。
2. 按照本条例的规定遴选庙主和副庙主。
3. 检查和促进辖下寺院的宗教事务和教育工作。
4. 按期检查辖区寺院的各项工作。
5. 化解庙主之间的矛盾冲突,处理上诉事件。
6. 若辖下寺院或僧侣之间发生事故或上诉,而该僧伽管理人员不能解决,则必须立即上报。

第二十七条 具有帕枯僧爵的地区僧伽管理人员的职责:
1. 有权解决辖下庙主的上诉、抗命、判决等事宜。
2. 有权要求辖下的僧侣遵纪守法。

第二十八条 具有僧爵的地区僧伽管理人员,可以设两名助手:一名具有"沙木"(账目会计)的僧衔,另一名具有"百提伽"(请帖文书)的僧衔。

第二十九条 无论是曼谷还是畿以外地区,如果那里的寺庙很多,地区僧伽管理人员可以设一名常驻地区助理协助工作。若要在一座寺庙或几个区合选一名庙主,或者在某一地区选拔几名副手,其条件必须是该地区的寺庙不少于五座。他们的僧爵不够高的话,可晋升至方丈的僧爵。

第六章 市级僧伽委员会

第三十条 每个城市设一市级僧伽委员会并由一名具有第三等僧爵帕枯的僧侣负责。这位负责人由国王挑选和委任。

第三十一条 市僧伽委员会负责人的职责:
1. 检查和督促该城所有寺庙和僧人行为规矩,遵守僧律和国法。
2. 根据本条例的规定,委任该市所辖的地区僧伽委员会副职、庙主和副庙主。
3. 检查和促进辖下寺院的宗教事务和教育工作。
4. 帮助解决该市辖下地区僧职人员之间的矛盾冲突,分析和化解他们之间的上诉纷争。
5. 向省级僧伽委员会推荐可以晋升为地区僧伽委员会负责人的庙主。

第三十二条 市僧伽委员会负责人的权利:
1. 有权监督和要求该市所辖的僧侣遵守僧律和国家法令。

2. 有权遵照本条例规定任命市僧伽委员会副职、庙主和副庙主。
3. 有权对地区僧伽委员会的上诉进行分析和裁决。

第三十三条 市僧伽委员会负责人有权遵循国王圣谕选拔五位与爵位相符的僧职人员：助手、僧律师、戒师、会计师、文书。

第三十四条 市僧伽委员会负责人因工作繁忙，经国王同意，可聘请一名或几名具有三等僧爵的帕枯担任副职。

第七章 省级僧伽委员会

第三十五条 每省由一位高僧担任省僧伽委员会负责人。新的省级僧伽委员会负责人由国王任命。

第三十六条 事务繁忙的省级僧伽委员会若需要增加一名或几名副职，由国王颁发谕旨决定。

第三十七条 省僧伽委员会负责人的职责：
1. 遵照国王的旨意促进宗教繁荣，关心该省寺庙教育的发展。
2. 经常外出检查监督该省的宗教事务和教育工作。
3. 任命辖下各地区尚未获得官方委任状的僧伽委员会负责人。
4. 帮助解决辖下各庙主之间的矛盾纷争。

第三十八条 省级僧伽委员会负责人的权利：
1. 有权要求该省的僧侣遵守僧律和国法。
2. 根据需要派副手外出检查工作，并赋予他与正职相同的职权，但不许越权，不得违抗正职的指令。
3. 凡省内获得委任状的各级僧职人员，如果因为个人行为不端，或能力不足，不能继续担任该职务的话，省僧伽委员会负责人有权将他解职。
4. 省僧伽委员会负责人有权对市僧伽委员会负责人的上诉发表意见和作出裁决。

第三十九条 省僧伽委员会负责人有权选拔六位与僧爵相符的僧职人员：具有帕枯僧爵的助手、帕枯僧爵的僧律师、帕枯僧爵的戒师、大和尚、会计师、文书。如果原先已有某个职务，就无须再设。

第八章 职责范围

第四十条 根据本条例规定，国家部委和地方行政长官责无旁贷地必须授权和支持僧伽委员会的工作。

第四十一条 所有沙弥必须按照本条例的规定服从所属僧伽委员会的领导，如果不听从僧伽委员会负责人的命令，蔑视僧伽委员会负责人的权威，犯了错误，则僧伽委员会负责人有权对他进行处罚。

第四十二条 如果僧伽委员会负责人依照条例行事，但在家俗人诋毁或违抗其命令，也应按抗拒国家公务员来定在家俗人之罪。

第四十三条 无论是涉及庙主的案件，还是有关庙主的上诉，或是副庙主、地区僧伽委员会负责人作为被告的案件，只要在僧伽条例或国家法律的范围内，地区僧伽委员会负责人都有权进行审理。

在此类案件中，如果被告是地区僧伽委员会负责人，或市僧伽委员会副职，或市僧伽委员会其他僧职人员，市僧伽委员会负责人有权进行审理。如果被告是市僧伽委员会负责人，或者是省僧伽委员会副职或其他省级僧职人员，则由省僧伽委员会负责人审理。如果被告是省僧伽委员会负责人，或是国家僧伽委员会成员，则由国王审理。

第四十四条 由教育部大臣负责该条例的贯彻执行。

本条例于曼谷王朝第一三一年6月16日正式颁行。

段立生译自希里瓦·卡木弯萨副教授：《泰国佛教史》（泰文），曼谷志同道合出版社佛历2541年（1998年）版，第153—164页。

附录 2
佛历 2484 年（1941 年）僧伽条例

根据国民代表大会佛历 2480 年（1937）8 月 4 日发布的公告，摄政委员会以国王阿南塔·玛希敦的名誉颁布。

陆军上将披仁·托育廷于佛历 2484 年（1941）10 月 14 日，即本朝第 8 年签署。

根据国民代表大会决议，必须对僧伽条例进行适当的修改，因而制定了这份文件。

概　述

第一条　本条例称作《佛历 2484 年（1941 年）僧伽条例》。

第二条　本条例自正式颁布之日起使用。

第三条　从本条例生效之日起，一切与本条例规定内容有关联的法律、规则、命令的相关规定，或与本条例相抵触的内容，皆统统取消。

第四条　教育部部长负责该条例的贯彻执行，并有权以教育部的名义发布贯彻执行本条例的文件。作为政府文件发布的教育部文件具有强制命令的作用。

第一章　僧　王

第五条　僧王由国王任命。

第六条　僧王是僧界至高无上的职位，并在僧伽条例的基础上领导整个僧界。

第七条　僧王根据僧伽委员会的建议制定僧伽条例。

第八条　僧王服务于僧伽议会推选的僧伽内阁。

第九条　僧王负责审理触犯僧律的案件。

第十条　如果出现僧王位置空缺，或者僧王暂时不能理事，则由僧伽内阁总理或僧伽总监代行职务。

第二章　僧　侣

第十一条　僧侣议会由不超过 45 名僧侣议员组成。包括：

1. 出家 10 年以上的大德高僧。
2. 一等僧师。
3. 博学大师。

僧侣议员的名次按一、二、三等顺序和年龄长幼依序排列。

第十二条　每届僧侣议会，僧王根据议会决议来规定议员人数，设议会主席一人，副主席一人或多人。

选举主席和副主席时，由教育部部长负责计票。

第十三条　僧侣议会主席的职责是负责处理僧侣议会的日常事务。副主席的职责是当主席因故不能理职的时候代行主席职责。

当主席和副主席不在的时候，或者主席和副主席没有出席会议的时候，会议可选举一位临时主席。

第十四条　每次会议，参会人员不得少于议员人数之一半，方能召开。

每次开会，如果没有僧律方面的分歧，政府总理、教育部部长或他们的代表可以参加旁听，并能发表意见。

第十五条　僧侣议会的议员，当发生下列情况时，将被解职：

1. 死亡。
2. 还俗。

3. 辞职。

4. 因违反僧纪,经参会三分之二以上议员投票通过可以免职。

第十六条　向僧伽议会提交的提案,可通过三个途径提交:僧伽内阁总理,教育部部长,僧伽议会议员。但是通过僧伽议会议员提交的议案,首先必须得到僧伽内阁的认可。

第十七条　对决议的表决,如果本僧伽条例或僧律没有另外表述的话,则以票数的多少来统计。

投票表决时一人一票,若有票数相等,则由会议主席决定哪方获胜,或者暂停此事。

至于涉及对僧律的解释,若有疑义,则必须严格按条文讨论分析,不采取投票方式。

第十八条　每年可举办一届或多届僧伽会议,由僧伽议会自己决定。每次会议的时间不能超过30天,但僧王可以下令延长会议。

第一次开会的日期,由教育部部长决定。

第十九条　僧王按届召集僧伽议会,并主持开幕和闭幕仪式。

第二十条　必要时,僧王可以临时召开僧伽议会。

比如,应教育部部长提出开会请求,僧王可以召开僧伽议会。

在这种情况下,必须有教育部部长签名的申请。

第二十一条　僧王有权对下列事件进行审理:

1. 制定、贯彻、执行僧伽纪律的具体措施。

2. 按照法律条文规定的僧侣剃度事宜。

第二十二条　僧侣章程,僧规法纪,僧团组织原则,僧王指令,部颁条例、命令和法规,都必须与僧伽纪律相一致。

僧侣章程必须对违背僧纪法规的错误言行作出界定并加以处罚。

第二十三条　僧侣章程对违背僧纪法规的言行可从七个方面惩处:

1. 不准剃度。

2. 还俗。

3. 逐出僧门。

4. 撤销僧职。

5. 幽禁。

6. 在寺庙内服劳役。

7. 令其写悔过书或请罪书。

第二十四条　僧侣议会起草好僧侣章程以后,由僧伽内阁总理将其呈请僧王签署。签署完毕立即生效执行。

如果僧王不同意草稿,必须在僧伽内阁总理送达文件5日之内将草稿退还给僧侣议会,僧侣议会在收到文件15天内重新进行商议,无记名表决。若僧侣议会的决议照旧,则将草稿再次上报僧王。7天之内僧王没有签署的话,则报教育部部长审议。若教育部部长认为可行,7天之内报送僧侣议会主席,由僧侣议会主席签署生效。

第二十五条　僧侣议会有权选拔僧侣议会的议员。成立僧伽委员会从僧侣议会之成员或非成员中挑选委员,以审议僧侣议会的工作和有关僧侣的事宜。

委员会必须在参会人数超过一半的情况下方能召集会议。

第二十六条　根据本条例规定,僧侣议会有权颁布会议的命令和协议。

第二十七条　只有在教育部部长同意的情况下,才能对有关僧侣议会的内容、僧侣议会委员会、僧伽内阁总理或僧伽内阁总理私下成立的委员会进行宣传。

第三章　僧伽内阁

第二十八条　僧伽内阁由僧王任命。僧伽内阁成员包括僧伽内阁总理一人和不超过九名阁员。

僧伽内阁由教育部部长签署认可。

第二十九条　僧伽内阁总理和阁员中至少有四人必须是僧伽议会议员,除此之外,从比丘中选拔出来的有特殊才能和知识的高僧,则可以不是僧伽议会的议员。

如果僧伽内阁总理不是僧伽议会议员,则有权出席僧伽议会并发表意见,但是没有表决权。

第三十条 僧伽内阁总理对僧伽内阁负责。僧伽内阁阁员负责他被任命主管的部门。至于没有被任命主管某一部门的阁员,则对僧伽内阁的一般事务负责。

第三十一条 僧伽内阁阁员任期满四年以后,或者整个僧伽内阁集体辞职,或者僧伽内阁任期结束,则必须离职。但是,离职的阁员必须坚守岗位直到新阁员到职。

除此之外,一旦发生下列情况,该阁员必须离职:

1. 去世。
2. 被解除僧籍。
3. 辞职。
4. 教育部部长命令他离职。

第三十二条 僧王根据僧伽条例的规定有权进行惩处。

第三十三条 僧伽内阁中央分为下列几个部门:

1. 管理部。
2. 教育部。
3. 宣传部。
4. 公共事业部。

除上述各部门外,还可以增加新部门。

每个部门由一名阁员负责领导,必要时可增加一名阁员作为副手。

第三十四条 地方僧团按照僧伽条例的规定管理。

第三十五条 按僧伽条例规定,每个部门设一名内部监督员。

内部监督员的职责是按照僧伽纪律、僧伽条例、僧规、社团法规、法律、命令、条例等规定,对僧伽内阁的各项工作进行管理和监督。

第三十六条 根据僧伽条例第十二条、第二十条和第二十八条的规定,以及僧王的有关谕示,僧伽内阁的决定必须有内阁总理的签名才能生效。

第三十七条 按照僧伽条例规定的原则和方法对受戒和尚和比丘进行职务任命、撤销或调换。

第四章 寺 庙

第三十八条 寺庙分为两类:

1. 获得皇家划定地界范围的寺庙。
2. 僧院(在获得国王赐予封地以前不得称作寺庙的僧侣居住或办公场所)。

第三十九条 寺庙的建造、合并、转让、迁徙、拆毁等必须依照部里的法规执行。

僧院则按照国王的圣谕执行。

第四十条 寺庙及附属于寺庙的财产计有:

1. 寺庙的土地,从寺庙本身到寺庙的地界。
2. 寺庙的地产,即属于寺庙的财产。
3. 信善将其收益捐给寺庙或僧侣的土地或产业。

第四十一条 在遵循国王颁布条令的原则下,寺庙的土地和财产可以转让。

第四十二条 每座寺庙设一名庙主,如果必要,还可设一名副庙主,或多名庙主助理。

第四十三条 庙主具有如下职责:

1. 根据僧伽条例、僧规、社团法规、法律、命令、条例等规定,有效地维护寺庙及庙产。
2. 对驻寺的出家人、俗人进行管理,使其遵法守纪,一切言行符合僧伽条例、僧规、社团法规、法律、命令、条例等规定。
3. 有责任对出家人和俗人进行培训和僧律教育。
4. 为一切善行的实施提供必要的方便。

第四十四条 庙主的权利:

1. 禁止一切僧俗民众在没有得到允许的情况下入住寺庙。

2. 驱逐居住在寺庙里的不听庙主教诲的僧俗民众。

3. 当居住在寺庙里的僧俗民众不听庙主的教诲,而这些教诲又符合僧伽条例、僧规、社团法规、法律、命令、条例等规定的情况下,庙主有权对他们进行惩处,罚他们参加寺里的劳动,或写悔过书、赔礼道歉等。

第四十五条　僧侣必须依附于某寺,有固定的居住地址。

第五章　佛教的教产

第四十六条　佛教的教产分为两类:

1. 佛教中央的教产,属于全体僧人共有,并非某寺的庙产。

2. 寺庙的庙产,属于某寺所有。

第四十七条　管理或处置佛教中央的教产是教育部的职责。

第四十八条　教育部每年编制的关于佛教中央教产的预算一旦获得僧伽委员会的通过,教育部便可以实施该预算。

第四十九条　寺庙的庙产按照教育部拟定的章程处置,教育部拟定的章程必须得到僧伽委员会的认可。

第六章　持　戒　师

第五十条　持戒师的职责和权利是考量和评估犯戒的罪行。

第五十一条　无论选定持戒师或评定犯戒的罪行,都必须按照僧伽条例进行。

第五十二条　持戒师可以依照僧律和僧伽条例独立自主地考量和评估犯戒的罪行。

第七章　处罚条例

第五十三条　触犯第二十七条法规者将被判处不超过 3 个月的监禁。

第五十四条　犯下列错误者将被判处不超过 6 个月的监禁:

1. 通过非法途径剃度为僧,并仿效出家人穿衣者。

2. 丧失出家条件,但隐瞒事实剃度为僧者。

3. 已经还俗了,但仍然穿出家人的衣服者。

4. 经最终裁定必须还俗了,但仍坚持不还俗者。

第五十五条　对诬陷僧伽委员会或任何僧团者,罚以不超过 1 年以上的监禁。

第五十六条　代僧侣办事者,一旦工作失职,贪污舞弊,将由监管其职务的工作人员根据刑事法加以处置。

第八章　零碎条款

第五十七条　经僧伽条例任命公职的比丘具有法定的公务员身份。

第五十八条　对除开泰国僧团之外的外籍僧团的管理,则根据部颁法律进行。

第五十九条　宗教局负责对僧伽议会秘书处和僧伽内阁总理秘书处的工作进行管理,以便他们有权能对国家总理进言。

特殊时期的规定

第六十条　下次举行对僧律修订整理的大结集,最少不能少于 8 年的时间。从本部僧伽条例颁发之日起,禁止颁发新的僧侣章程,僧规法纪,僧团组织原则,僧王指示,部颁条例、命令和法规,只能颁发一些长期行之有效的法规。

国务院总理披汶·宋堪　具呈

段立生译自希里瓦·卡木弯萨副教授:《泰国佛教史》(泰文),曼谷志同道合出版社佛历 2541 年(1998 年)版,第 165—173 页。

附录 3
佛历 2505 年(1962 年)僧伽条例

普密蓬·阿杜德陛下于佛历 2505 年(1962 年)12 月 25 日批准
曼谷王朝九世皇执政第 17 年

九世皇普密蓬·阿杜德谕示说：
有必要修订僧伽法律使其更加实用，因此命令起草这部僧伽条例。起草委员会通过前言代表议会表述下面的意愿：

第一条 这部条例定名为《佛历 2505 年(1962 年)僧伽条例》。
第二条 本条例从正式在政府公告发布的第二日起生效。
第三条 停止使用佛历 2484 年版的僧伽条例。
第四条 在本条例正式颁布起的一年之内，一切与本条例不相抵触的僧侣章程，僧规法纪，僧团组织原则，僧王指令，部颁条例、命令和法规等，仍可继续使用。直到有部颁的法律、僧王的指令或僧团法规明确指出必须停止，或者因为内容重复、矛盾或改写方停止使用。
第五条 为了维护第四条规定的权益，即维护僧侣章程，僧规法纪，僧团组织原则，僧王指令，部颁条例、命令和法规等赋予任何一位比丘或僧团的职权，而这些职权在本条例中没有详细规定，那么僧伽委员会有权继续维持他们的职权。
第六条 由教育部部长负责本僧伽条例的贯彻执行。教育部部长可依照本条例的精神颁发部颁法令。
部颁法令一旦以政府文件形式公布，即刻生效。

第一章 僧 王

第七条 僧王由泰国国王任命。
第八条 僧王担负整个佛教界首领的职责：指挥僧界，制定条例，使其不与法纪和僧规相抵触。
第九条 僧王担任僧伽议会主席的职务。
第十条 当僧王职位空缺的时候，由僧伽议会的一名德高望重的长老代行僧王的职务。
当僧王不在国内，或者因故不能履行职务的时候，由僧伽议会里年纪最大的一位长老代行僧王的职务。
当僧伽议会任命代替僧王的长老因年龄不能履行职务的时候，则由年龄仅次于他的另一位长老代行僧王职务。
由教育部部长宣布代行僧王职务的僧伽议会长老的人选。
第十一条 当出现下列情况之一时，僧王方能去职：
1. 去世。
2. 还俗。
3. 辞职。
4. 国王下令免职。

第二章 僧伽委员会

第十二条 僧伽委员会由担任僧伽委员会主席的僧王，以及由僧王任命的不少于四位、不超过八位的僧伽委员会委员组成。
第十三条 由僧伽内阁总理担任僧伽委员会书记，由宗教局负责僧伽委员会秘书处的工作。
第十四条 僧王任命的僧伽委员会委员每届任期两年，可以连任。

第十五条 僧王任命的僧伽委员会委员除了依照僧伽委员会条例第十四条可以免职外,如出现下列情况之一,亦可免职:

1. 逝世。
2. 还俗。
3. 辞职。
4. 僧王下令解职。

一旦出现僧伽委员会委员在任期内被免职的情况,僧王可以重新任命新的委员取代他。

新任委员的任期与他取代委员的任期一致。

第十六条 僧伽委员会主席因故不能出席僧伽委员会议,或者不在开会的地点,但又没有委托某位委员代行职责,那么僧伽委员会将任命一名年纪最长的德高望重的委员代行主席职务。

第十七条 召开会议时参会委员的人数不得少于全体委员人数的一半。

僧伽委员会会议按僧伽条例规定如期举行。

第十八条 僧伽委员会有权管理僧伽事务,有权在不违背法律和僧律原则下,制定僧伽条例、发布命令、整顿组织、发表指示等。

第十九条 僧伽委员会的选举或撤销由教育部部长负责,并对僧王的提名签字认可。

第三章　僧团的管理

第二十条 僧团的管理必须按照僧伽条例进行。

第二十一条 地方僧团的管理区划作如下划分:

1. 大区。
2. 府。
3. 县。
4. 地区。

各级区划的数目和范围依照僧伽法律划分。

第二十二条 地方僧团的管理,各设一名长老分级管理:

1. 大区长老。
2. 府长老。
3. 县长老。
4. 地区长老。

如有必要,可以给大区长老、府长老、县长老和地区长老设立副职或助手。

第二十三条 关于戒师、庙主、副庙主、庙主助理,以及管理比丘的其他职位的任命或撤职,需按照僧伽条例的原则和规定执行。

第四章　惩罚和取消僧侣身份

第二十四条 僧侣一旦违背僧规就要受到惩罚,僧侣受到的惩罚必须按僧规进行。

第二十五条 按照僧伽条例第二十四条的规定,僧伽委员会有权制定惩处原则和执行办法,以便使惩罚正确无误、便捷、迅速和公正。为使惩罚合乎僧伽委员会制定的法律规定,僧伽委员会或具有执法权的长老对违法僧侣的惩处要慎重分析和量刑惩处。

第二十六条 僧人触犯僧规并裁定将遭受处罚,必须在犯错误起的24小时内进行审讯。

第二十七条 僧人触犯僧规但不去聆听审讯,不愿接受处罚,或经常触犯僧规,没有依附某座寺庙,没有固定住所,僧伽委员会有权褫夺他的僧籍。

被褫夺僧籍的僧人在得到通知之日起7天内必须参加审讯。

第二十八条 被控破产的僧人必须在接到通知的3日内去参加诉讼。

第二十九条 因刑事犯罪被逮捕的僧人,在工作人员对他进行审讯期间,认为不能暂时假释,而他所在的寺庙的庙主又没有获得将他暂时关押的委托,或工作人员认为没有必要委托庙主将其关押,或者该僧人并不隶属任何寺庙,进行审讯的工作人员有权褫夺他的僧籍。

第三十条 某僧人因罪被判处监禁、关押,或法庭授命工作人员对其进行审讯,或法庭裁定褫夺他的僧籍,则需上报僧伽委员会。

第五章 寺 庙

第三十一条 寺庙有两种:
1. 得到皇家划定地界的寺庙。
2. 僧侣的住所。

第三十二条 寺庙的建设、修葺、合并、搬迁、拆毁及申请皇家划定地界等都必须遵照教育部颁布的法规进行。

当寺庙被拆毁时,寺产被充作中央僧团所有。

第三十三条 属于或从属于寺庙的寺产有:
1. 寺庙及划定地界内的土地。
2. 寺庙名下拥有的全部土地。
3. 善信捐赠给寺庙或佛教的土地和产业。

第三十四条 寺庙及名下的产业若要办理所有权转让,必须按照僧伽条例的规定进行,不准任何人以超过诉讼期为借口来与寺庙争夺寺产。

第三十五条 寺庙的土地和寺产不列入强制处罚的范围。

第三十六条 每个寺庙设一名庙主,若有必要可设副庙主或庙主助理。

第三十七条 庙主具有下列职责:
1. 维护寺庙,处理庙务,妥善管理寺产。
2. 对居住在庙里的出家人和俗人进行管理,关心他们,使其遵守僧侣章程,僧规法纪,僧团组织原则,僧王指令,部颁条例、命令和法规等。
3. 对住寺僧俗进行教育培训,为他们讲解僧规僧纪。
4. 为施行善事提供一切方便。

第三十八条 庙主的权利:
1. 禁止僧俗民众未经同意入住寺庙。
2. 把不听从庙主管教的僧俗民众赶出寺庙。
3. 命令居住在寺庙里的僧俗民众参加劳动,或者当他们犯了错误时具结悔过认错书,和接受惩罚。庙主的命令当然必须与僧侣章程,僧规法纪,僧团组织原则,僧王指令,部颁条例、命令和法规等一致。

第三十九条 一座寺庙没有庙主,或庙主不能视事,则可以任命一名代理庙主。代理庙主的职责和权利与庙主相同。

代理庙主的任命依照僧伽条例的规定原则和办法进行。

第六章 佛教的教产

第四十条 佛教的教产分为两类:
1. 中央教产,系全体佛教的资产,不属于任何寺庙。
2. 寺庙的庙产,属于某寺庙拥有的资产。

管理和处置中央教产的权限归宗教局,或者说宗教局是中央教产的拥有者。

管理和处置庙产必须遵照部颁条例的规定进行。

第四十一条 由教育部依法负责编制中央教产的年预算。年预算一经正式公布,便可执行。

第七章 处罚条例

第四十二条 若有人触犯僧伽条例第二十六条、第二十七条,或者第二十八条,则处以不超过6个月监禁的惩罚。

第四十三条 犯以下两种错误之一者,处以不超过6个月的监禁:
1. 因犯四波罗夷罪而被褫夺僧籍者,事后又隐瞒真相,重新入寺剃度。

2. 因犯四波罗夷罪而被褫夺僧籍,依旧作僧人打扮者。

第四十四条 谁要是污蔑诽谤泰国僧团,造成损害和分裂的后果,则罚款不超过 5 000 铢,或者监禁不超过一年,或者罚款监禁同时进行。

第八章 零碎条款

第四十五条 经僧伽条例任命公职的比丘具有法定的公务员身份。

第四十六条 泰国僧团的管理,依照部颁条例进行。

国务院总理沙立·他拉叻　具呈

段立生译自希里瓦·卡木弯萨副教授:《泰国佛教史》(泰文),曼谷志同道合出版社佛历 2541 年(1998 年)版,第 174—181 页。

附录 4
佛历 2540 年（1997 年）朱拉隆功大学皇家学院条例

普密蓬·阿杜德国王于佛历 2540 年（即拉玛九世第 52 年）2 月 21 日签署

普密蓬·阿杜德国王颁布谕示说：出于成立朱拉隆功大学皇家学院的需要，故下令起草这个条例，以便向议会进行介绍，并获得认可。

第一条 本条例命名为《佛历 2540 年（1997 年）朱拉隆功大学皇家学院条例》。

第二条 本条例自以政府文件形式公布之日的第二天起，即刻生效。

第三条 凡与本条例规定内容相抵触或有矛盾的一切法律、法规和命令，皆以本条例规定为准。

第四条 在本条例里，"学校"指"朱拉隆功大学皇家学院"；"学校议会"指"朱拉隆功大学皇家学院议会"；"学术委员会"指"朱拉隆功大学皇家学院学术委员会"；"学区"指学院下属的院、系、中心等单位；"部长"指监督执行本条例的人。

第五条 教育部部长负责监督执行本条例。

第一章　组织　目的　职责

第六条 建立一个名为"朱拉隆功大学皇家学院"的机构，并作为独立的法人。

使本学院成为一个学习和研究机构，满足和促进众比丘和在家信众对研习佛学的需求，同时协助文化艺术的发展。

第七条 本学院为政府办的公立学校。

第八条 本学院包括下述单位：

1. 校长办公室。
2. 学术办公室。
3. 研究生院。
4. 学院。
5. 研究所。
6. 机构。
7. 中心。
8. 分院。

学校可能对上述单位名称有不同的叫法，但只要符合第六条的规定就行。

校长办公室和学区的划分亦可依据职责范围另外取名。

学院及其他行政单位亦可设院长、所长、系主任、队长等职务。

学院，或者使用与其地位相同的其他称谓，可以下设办公室、院长、系主任、队长等职务，或者改称与其职务相称的其他称呼。

研究院、办公室、研究中心，或者使用与其作用相同的其他称呼，可以设立相应的管理人员、管理梯队、管理部门，或者使用与之对应的其他称呼。

第九条 凡是关系到学区行政单位、研究生院、学院、研究院、办公室、研究中心等机构的建立、合并或撤销等事宜，都必须由学校做出决议，并行文公布。

关于队长、院长办公室、系主任、行政管理人员的分工，必须由学校当局发文宣布。

第十条 根据第六条的要求，学校必须接纳佛学高等教育机构和佛学研究机构，并有权颁发学士、硕士和其他级别的学位证书，只要他完成佛学高等教育课程和佛学研究的项目。

凡被录取参加阶段性培训或被取消资格者，都必须由校方在公告栏发文宣布。

凡被任命负责佛学高等教育和佛学研究阶段性培训者，必须由校方发布任命文件。

第十一条　虽然学校事务不在《劳工管理法》《劳动关系法》《社会保障法》《薪酬法》的规定范围内，但是学校工作人员所获得的报酬不得低于《劳工管理法》《社会保障法》和《薪酬法》规定的标准。

财政部有权对学校的贷款或其他债务进行担保，正如把学校视作政府机构一样由财政部负责担保。

第十二条　根据第六条的规定，学校有权履行下列职责：

1. 学校的所有权可用于出售、新建、扩充、抵押、接受抵押、租赁、租购、交换等活动。学校拥有各种所有权，包括内部和外部的动产、不动产，以及别人的赞助捐赠品。出售或交换学校的不动产必须遵照第十三条中第3款的规定。

2. 按学校的权限和职责，对内收取注册费、维修费、劳务报酬、罚款和服务费，并根据实际情况制定收费标准。

3. 与政府或私人单位在教学、科研及对社会提供宗教服务等方面合作，促进文化艺术发展。

4. 只要有个人或财产担保，可以进行借贷、放贷或投资，目的是遵循第六条的规定来获取学校的利益。

5. 与国外的组织或机构在教学、科研和对社会提供宗教服务等方面合作，来促进文化艺术发展。

6. 在各学科领域设立教学和科研基金。

第十三条　学校的收入来自：

1. 政府每年拨给的资金。
2. 捐赠者捐助的钱财。
3. 来自中央宗教基金的拨款、利润、注册费、维持费、报酬、罚款和其他方面的服务费。
4. 来自学校进行投资或学校资产的收入。
5. 来自其他方面的收入。

按照第1款所列，政府根据教育部的建议直接拨款给学校，必须足够学校遵照第六条的要求来维持学校的正常开支。

学校拥有的不动产，无论是私人捐赠的，还是用学校收入购置的，或是用学校的其他财产交换来的，其产权均属学校所有。

学校有权支配、照看、维护、使用和安排学校拥有的一切资产。

学校的收入不必像《财政法》和《预算法》规定的那样上缴国家财政部。

如果学校的收入不足以维持其正常开支，而学校又没有其他途径获得收益，则政府将从国家预算中增拨必要的款项。

第十四条　学校拥有的资产不在诉讼案件索赔的范围，任何人不得以诉讼有效期为借口来与学校进行财产诉讼。

第十五条　学校的收入和财产必须按照第六条的规定或者遵照捐助的意愿用于办学的目的。

第十六条　按照本条例第十二条第1款的规定，学校的不动产可以用于经营或转让。

第二章　实　施

第十七条　学校议会的组成：

1. 由僧王任命一位学校议会总理。
2. 学校议会由校长、教育部副部长、大学部副部长、宗教局局长、国家预算部门的负责人、委员会书记、民政部官员和国家教育委员会主任组成。
3. 学校议会的议员计7人，由学校议会职务委员会推荐，僧王从担任副校长、院长等职务的僧侣中选拔。
4. 学校议会的德高望重的上议员不得少于5人，但不超过8人。由学校议会职务委员会推荐，僧王从比丘或居士中任命，其中比丘的人数不得少于一半。

学校议会从上议员中挑选一人担任副校长，当学校议会总理职务空缺时，或者学校议会总理因故不能视事时，便由该副校长代行其职务。

由校长推荐一位比丘副校长担任学校议会秘书。

第十八条 学校议会总理和学校议会根据第十七条第3、4款的规定,任期3年。但僧王有权下令重新改选。

除了按届离职以外,学校议会总理和议员,一旦出现下列几种情况,就必须去职:

1. 圆寂或死亡。
2. 辞职。
3. 还俗。
4. 僧王下令罢免。
5. 缺乏当议员的品德。
6. 被判刑监禁,除非是因为麻痹大意被判刑或者是属于轻罪。
7. 能力不足。

按照本条例第十七条第3、4款规定,如果出现学校议会总理或议员在任满之前去职,僧王重新任命新人代替之,但新任命者的任期仅限于原任职者剩下的那段时期。

如果发生新增加任命德高望重的上议员的情况,那么他的任期仅限于即将到届的这段时期。

当学校议会总理或议员按照本条例第十七条第3、4款规定届满离职,而新的总理和议员尚未产生,他们必须继续履行职责,直到新一届的总理和议员选举出来为止。

第十九条 学校议会履行管理学校一般事务的职权如下:

1. 为学校制定有关教学、科研、学术管理、社会宗教服务和促进文化艺术发展的方针和计划。
2. 制定规则,发布命令,规定章程,宣布学校的公告等。可以将这些工作委托给学校的某一部门去执行。
3. 签署毕业证书,颁发硕士学位文凭,大专和本科毕业证书。
4. 有权建立、合并、撤销分校的办公机构、研究生院、学院、研究所、办公室、中心,以及与此相同的具有其他名称的单位。
5. 有权批准举办或撤销高等教育学院和高级佛教研究所。
6. 有权按照佛教戒律开设或取消佛教专修课程,包括废除、合并或取消某些学科。
7. 协助僧王决定对校长的任命或撤职。
8. 协助僧王决定对教授、客座教授的任命或罢免。
9. 有权对副校长、校长助理、院长、所长、中心主任、系主任或其他相同职称的名义教授、副教授及讲师进行任命或罢免。
10. 有权取消学校工作人员的职务、薪金、职务工资、福利待遇及一切好处。同时,有权制定教职工和雇员的收入分配、工资、离职费、纪律维护费、执行纪律的开支、冤案赔偿费和申诉费。
11. 制定学校的财务方针,颁布有关学校财务管理的命令和规则。
12. 审议学校的财政预算。
13. 在学校议会的职权范围内成立委员会、助理委员会,或者任命某个人去处理某件事。
14. 追踪和评估校长、副校长、校长助理、院长、所长、办公室主任、中心主任、系主任及具有相同职责各部门负责人的工作。
15. 处理没有明确规定属于任何部门的所有工作。

第二十条 在校议会中成立学术委员会:

1. 由校长担任学术委员会主席。
2. 学术委员会委员由具备下列职称的人员组成:具有比丘身份的副校长、院长、所长、系主任、中心主任或具有相同职称的人。
3. 每个学院推选3名在职教师成为学术委员会委员。

根据第3款遴选学术委员时采取的品德标准、考察原则和选举方法,必须符合学校规定。

根据校长的提议,任命一名具有比丘身份的副校长担任学术委员会秘书。

第二十一条 根据本条例第二十条第3款规定,学术委员会委员的任期为两年,但可以连任。

除非届满去职,否则学术委员必须在出现下列情况才能被免职:

1. 圆寂或死亡。

2. 辞职。

3. 因道德品质的原因不宜继续担任该职。

根据本条例第二十条第3款对该学术委员免职以后，新增补的学术委员的任期只到被免职的学术委员原规定的任满之时。

第二十二条 学术委员会的任务和职责如下：

1. 商定学制设置，制订教学计划，检验教学成果。

2. 建议授予学位、颁发硕士学位文凭。颁发大专和本科毕业证书。

3. 对建立、合并、撤销分校的办公机构、研究生院、学院、研究所、办公室、中心，以及具有与此相同的其他名称的单位，提出建议。

4. 对学校的宗教学课程进行监管，使其符合僧律的规定。

5. 向学校引进高等佛学教育和研究机构。

6. 向学校议会推荐任命或罢免教授、荣誉教授、客座教授和副教授、讲师等。

7. 向学校议会建议聘用或解聘客座教授、客座讲师和客座教师。

8. 向学校议会建议任命系主任、队长或相似职称的人士。

9. 设法促进教学、科研和佛学服务社会的计划，促进文化艺术的发展。

10. 向学校提供有关佛学方面的建议。

11. 设立一名专职委员、委员助理或某一专职人员专门负责学术委员会的事务工作。

12. 遵照校长的委托为校长提供咨询，或受学校议会委托处理某件事情。

第二十三条 学校议会和学术委员会按照学校规定的时间举行会议。

第二十四条 校长是学校的最高领导，负责管理学校。另有副校长或者校长助理，抑或二者皆备，根据学校情况而定，来协助校长处理校务。

第二十五条 校长是由学校议会根据第二十六条的规定提名并经僧王任命的。

校长任期4年期满，僧王有权重新任命校长。

副校长由校长根据第二十六条规定提名，经学校议会任命。副校长中至少必须有一名居士。

校长助理由校长根据第二十六条规定任命。

除非届满离职，否则免除校长职务必须符合下列条件：

1. 圆寂。

2. 辞职。

3. 违反僧规。

4. 根据校议会的建议，由僧王免除其职务。

当校长被免除职务时，副校长、校长助理将一同被免职。

第二十六条 校长、副校长必须取得一定的学位，必须是学校议会认可的大学、高等学校颁发的学位。同时必须在学校议会认可的大学、高等学校任教或工作超过5年。

第二十七条 校长的职责如下：

1. 依法遵照规章制度和学校规定的方针政策及办学目的来管理学校。

2. 对学校的人事、财政、资产和其他财物进行有效的管理，依法遵照学校的制度、命令、规定来执行。

3. 关心支持学员。

4. 分配和任免教师、职员、工人及按学校规定招收的服务员。

5. 作为校方代表处理日常事务。

6. 对学校议会和佛教协会提交年度报告。

7. 完成学校议会交给的其他各项工作。

第二十八条 为了维护学校的权益，校长可以将签署财产协议的权利，参与诉讼案件的权利交给具有俗人身份的副校长或校长助理去执行。

第二十九条 一旦校长无法履行职责的时候，可经校长书面委托，由具有比丘身份的副校长代行其职责。

当出现校长职务空缺，或者在其任期内无人代行校长职务，或者不能正常进行工作时，由校议会根据

第二十六条的规定,任命一名临时代理人代理校长。

第三十条 每个学院都要有一个分校区办公室,由校长任命一位具有比丘身份的副校长负责管理该分校区的工作。

如果副院长不能履行职责,就由校长从具有比丘身份的校长助理、院长、所长、办公室主任、中心主任和其他负责人中挑选一人,来负责这项工作。如果副校长没有从上述人员中委任,则从一般工作人员中挑选一位德高望重者来负责。

当出现副校长职务空缺时,或没有临时代理副校长职务者,或者他们不能视事时,校长根据第二十六条规定,可以选派一人来代理副校长。

在分校校区,可以经校长根据第二十六条规定让一位俗人身份的校长助理来负责这项工作。

第三十一条 在分校区成立一个委员会,由常驻分校的副校长担任委员会主席,校长助理、院长、所长、办公室主任、中心主任、系主任或具有相同职称的其他人担任委员,而校议会从常驻该分校固定教师中任命的委员人数不得超过半数,亦不能少于3人。

分校委员会设秘书1人。

校议会任命的分校委员会任期2年,但可以连任。

分校委员会根据学校的指令召开会议。

第三十二条 分校委员会的权限和职责:

1. 向校长提出关于该分校工作范围内的建议和咨询。
2. 协调下属各单位之间的工作关系,如研究生院、学院、研究所、办公室、中心、系或者具有相同职能的其他单位之间的工作关系。
3. 替校长考虑和拟定分院的工作细则,根据校议会的要求制定规则和发布布告。
4. 替负责分校的副校长制定发展计划和年度财务预算。
5. 完成校长布置的其他任务。

第三十三条 在研究生院、学院或同等级别的其他单位,设立具有比丘身份的院长一人,作为主要负责人。另外根据学校规定设副院长若干人,以协助院长工作。

在研究生院、学院或同等级别的其他单位,设立具有俗人身份的副院长一人,以协助完成院长指定的工作。

院长由校议会根据第三十四条规定选派。

副院长由院长根据第三十四条规定举荐。

院长任期4年,可以连任。

院长离职时,副院长也跟着一起离职。

第三十四条 院长、副院长必须从校议会认可的高等学校取得一定的学位,并有不少于3年的工作经历。

第三十五条 研究生院、学院或同等级别的其他单位,按照学校要求设立常务委员会和制定工作准则。

第三十六条 在系一级学科划分或相同级别的机构成立时,设系主任一名主持其工作。并设副系主任或相似的其他职称协助工作。

系主任的任命、任期、离职,包括副系主任在内,均遵照校方的命令执行。

第三十七条 在所、办公室、中心及相同级别的机构设所长、主任负责其工作,并设副职协助其工作。

所长、主任,包括副职的任免遵照第三十四条、第三十五条的规定执行。

第三十八条 (原文缺)

第三十九条 院、系、所等各单位负责人的选拔条件和任免规则由校方制定。

第四十条 校长、副校长、校长助理、院长、副院长、所长、副所长、主任、副主任或具有其他称呼的相同职务,每人只能同时身担一职。

每人每届只能担任一个职务,届满延期,不得超过6个月。

第四十一条 为了有益于研究生院、学院、系、所、中心的工作,校长可以依法书面授权这些单位的负责人替校长承担一部分工作。

替校长承担工作的时间由校长规定。

第四十二条 根据第二十四条、第二十八条、第二十九条、第三十条、第三十三条、第三十六条和第三十七条的规定,代替校长承担工作者的权利与校长相同。

因法律、规则、命令或总理委员会决议任命的任何委员会的委员或其他职务,其职权只是在他的代理期内有效。

第三章 账目和审查

第四十三条 学校必须建立和保存按照重要事件正确分类的账目,有收支俱全和记录债权债务的账簿,这些记载皆真实而必要。每年必须对这些账目进行审查。

第四十四条 学校设会计人员和财务处。每个财政年度的最后 90 天内,学校派人进行会计审核。

第四十五条 国家财政部派员审查学校的财务。每年必须审核通过学校的账目和各项开支。

第四十六条 审查人员有权审查学校的账目和文件单据,为此,可以讯问校长、副校长、学校的工作人员和雇员,必要时可要求他们将账目、单据交出来。

第四十七条 审查人员必须在财政年度结束后 120 天内向校议会报告财务审查结果,以便学校议会上报总理。

一年工作结束后,学校必须在 150 天内汇报过去一年的工作成绩,公布账目及财务审查的结果,以及下一年的工作计划。

第四章 主管和监督

第四十八条 总理的权限是主管和监督学校的日常工作,使其符合第六条规定的办学宗旨和政府的政策。

第五章 学术职称

第四十九条 学校编制内的教师可以获得下列学术职称:
1. 教授。
2. 副教授。
3. 讲师。
4. 教师。

对不同学术职称的要求、原则及遴选办法,以及编制内教师的解聘,按学校的规定执行。

教授职称由僧王根据学校议会的推荐授予。

第五十条 客座教授由僧王根据学校议会的推荐任命。

对客座教授的要求、原则及遴选办法,按学校规定执行。

第五十一条 校长在取得学术委员会同意的情况下,可以聘用合适的非编制内教师担任客座副教授、客座讲师和客座教师。可以由校长、院长、办公室主任、中心主任、系主任或具有相同职务的人出面推荐。

对客座副教授的要求、原则及遴选办法,按学校规定执行。

第五十二条 具备特殊技能的没有过错的退休教授,根据学术委员会的推荐,学校议会可授其为荣誉教授,以表彰他的才干。

对荣誉教授的要求、原则及遴选办法,按学校规定执行。

第六章 学位和学术标志

第五十三条 学位有三种:

博士,用泰文字母 ด 表示。

硕士,用泰文字母 ม 表示。

学士,用泰文字母 บ 表示。

第五十四条 学校有权在其开设的课程中颁发学位。

学校对什么学科授予什么级别的学位,用什么泰文字母代表该学位,由学校自己决定并以文件的形式公布。

第五十五条 学校议会有权决定完成学士学业的学生获得一等荣誉学士学位或二等荣誉学士学位。

第五十六条 学校议会有权对下列情况颁发学士文凭、学士文凭和毕业证书:

1. 对完成某一学科学业并获得学士学位者颁发学士文凭。
2. 按照学制规定完成某一学科学业,但没有达到学士水平者,发给副学士文凭。
3. 对完成某一学科学业者发给毕业证书。

第五十七条 学校有权对它认为合格者颁发荣誉学位,但不能发给正在任职的教师和正在任职的学校议会议员。

至于荣誉学位的级别、学科及颁发标准,则必须遵照校方的指令。

第五十八条 学校应制定代表学位等级的长柄扇赠给获得学位的僧伽学员或教师,以区分学士、副学士、毕业生、教师、勋章教师,作为学术等级的识别标志。这种标志也可以用于获得学士学位、副学士学位或毕业证的俗家学员,以及被聘为教员的普通俗人。

标志学术等级的长柄扇、教师的长柄扇和勋章教师的长柄扇,其特点、类别、品种及构图组成,一概按学校公布标准执行。

学位长柄扇、教师长柄扇、勋章教师长柄扇、在职教师长柄扇,在何时、何种情况下使用,由学校规定。

第五十九条 对于俗人学员的服饰、标志则由学校自己规定。

第七章 惩 罚

第六十条 如果有人不按照其真实身份标准使用学位长柄扇、教师长柄扇、勋章教师长柄扇、在职教师长柄扇、在校学员服饰,或冒充学士、副学士和毕业生者,让别人相信自己的假身份,将被罚不超过 6 个月的监禁,或被罚款不超过 5 万铢,或者两项同时被罚。

猜瓦立·永猜裕　总理　上奏国王

段立生译自希里瓦·卡木弯萨副教授:《泰国佛教史》(泰文),曼谷志同道合出版社佛历 2541 年(1998 年)版,第 182—199 页。

参考书目

中文著作

1. 陈垣:《明季滇黔佛教考》,河北教育出版社 2000 年版。
2. 段立生:《泰国的中式寺庙》,曼谷大通出版社 1996 年版。
3. 段立生:《泰国通史》,上海社会科学院出版社 2014 年版。
4. 段立生:《泰国吞武里皇郑信中文史料汇编》,泰国华侨崇圣大学出版社 1999 年版。
5. 段立生:《泰国文化艺术史》,商务印书馆 2005 年版。
6. 段立生、黄云静、范若兰:《东南亚宗教论集》,曼谷大通出版社 2002 年版。
7. 段立生等:《东南亚宗教嬗变对各国政治的影响》,曼谷大通出版社 2007 年版。
8. 段玉明:《西南寺庙文化》,云南教育出版社 2001 年版。
9.《二十五史》,中华书局 1962 年版。
10. 法显:《法显传》,上海古籍出版社 1985 年版。
11. 樊绰:《蛮书》,中华书局 1962 年版。
12. 惠立、彦宗:《大慈恩寺三藏法师传》,中华书局 1983 年版。
13. 慧皎等:《高僧传合集》,上海古籍出版社 1990 年影印本。
14. 季羡林:《佛教十五题》,中华书局 2007 年版。
15. 季羡林:《花雨满天》,现代出版社 2016 年版。
16. 季羡林:《季羡林谈佛》,中国工人出版社 2009 年版。
17. 莫佩娴:《印度佛教部派的历史》,载《印度佛教史论》,大乘文化出版社 1978 年版。
18. 师范:《滇系》,光绪丁亥云南通志局版。
19. 王海涛:《云南佛教史》,云南美术出版社 2001 年版。
20. 渥德尔著,王世安译:《印度佛教史》,商务印书馆 2000 年版。
21. 玄奘:《大唐西域记》,上海人民出版社 1977 年版。
22. 义净:《大唐西域求法高僧传》,中华书局 1988 年校注本。
23. 义净:《南海寄归内法传》,中华书局 1995 年校注本。
24. 张澄基:《佛学今诠》,慧炬出版社 1975 年版。
25. 张弓:《汉唐佛教文化史》,中国社会科学出版社 1997 年版。
26. 张曼涛主编:《东南亚佛教研究》,大乘文化出版社 1978 年版。
27. 郑筱筠主编:《东南亚宗教研究报告》,中国社会科学出版社 2014 年版。

英文著作

1. A. B. Griswold, *What is a Buddha Image*, Published by the Promotion and Public Relations Sub-Division, The Fine Arts Department. Bangkok, Thailand. B.E.2533.
2. D. G. E. Hall, *A History of South-East Asia*, Published by Macmillan Press Ltd., 1981.
3. [Thailand] Greg Lowe and [Singapore] Melvin Neo, *Buddhist Temples of Thailand*, Printed in Singapore by KWF Printing Co., Ltd.
4. John Guy, *Lost Kingdoms*, By River Books, Bangkok.
5. Khunying Kanita Lekhakula, *Ayutthaya—A World Heritage*, By Darnsutha Co., Ltd.
6. Luang Boribal Buribhand and A. B. Griswold, *Thai Images of the Buddha*, Published by Fine Arts De-

partment, Bangkok, Thailand. B.E.2544.
7. Michael Freeman, *A Golden Souvenir of the Temples of Thailand*, Published by Asia Books Co., Ltd.
8. Nicoletta Celli, *History and Treasures of an Ancient Civilization*, By White Star Publishers.
9. Prof. M. C. Subhadradis Diskul, *Art in Thailand—A Brief History*, Amarin Press, Bangkok, 1981.
10. Prof. Silpa Bhirasri, *An Appreciation of Sukhothai Art*, Published by the Promotion and Public Relations Sub-Division, The Fine Arts Department, Bangkok, Thailand. B.E.2533.
11. Prof. Subhadridis Diskul, *Sukhotai Art*, By Thai Watana Panich Co., Ltd.

泰文著作

1. ประวัติศาสตรพระพุทธศาสนาเสถียรโพธินันทะกรุงเทพ: มหามกฏุราชวิยาลัย, ๒๕๑๔.
2. ประวัติพระพุทธศาสนาในประเทศไทยรศ. สิริวัฒน์คำวันสาโรงพิมพ์บริษัทสหธรรมิก จำกัด, ๔๔๖๗.
3. ศิลปสุโขทัยสุภัทรดิศดิศกุลคณะกรรมการฝ่ายวัฒนธรรมของคณะกรรมการแห่งชาติว่าด้วยการศึกษาวิทยาศาสตร์และวัฒนธรรมแห่งสหประชาชาติ.
4. มรดกไทยมรดกโลกบริษัทปตท. สำรวจและผลิตปิโตรเลียมจำกัด, ๒๕๔๐.ัติศาส ตร์พุทธศาส.

图书在版编目(CIP)数据

泰国佛教史 / 段立生著.— 上海：上海社会科学院出版社，2022
 ISBN 978-7-5520-3447-9

Ⅰ.①泰… Ⅱ.①段… Ⅲ.①佛教史—泰国 Ⅳ.①B949.336

中国版本图书馆 CIP 数据核字(2021)第 025554 号

泰国佛教史

著　　者：段立生
责任编辑：王　勤
封面设计：陆红强
出版发行：上海社会科学院出版社
　　　　　上海顺昌路 622 号 邮编 200025
　　　　　电话总机 021-63315947　销售热线 021-53063735
　　　　　http://www.sassp.cn　E-mail:sassp@sassp.cn
照　　排：南京理工出版信息技术有限公司
印　　刷：上海景条印刷有限公司
开　　本：710 毫米×1010 毫米 1/16
印　　张：10
字　　数：165 千
版　　次：2022 年 8 月第 1 版　2022 年 8 月第 1 次印刷

ISBN 978-7-5520-3447-9/B·305　　　　　　　　　定价:58.00 元

版权所有　翻印必究